LE TRAIT LÉGER

LE TRAIT LÉGER

L'ARTILLERIE — LE COMMERCE

PAR

Le Capitaine CHARPY

Préface du Comte **HENRY DE ROBIEN**

Avec 16 illustrations hors texte

PARIS

LUCIEN LAVEUR, ÉDITEUR

13, RUE DES SAINTS-PÈRES (VIᵉ)

—

1909

PRÉFACE

—

C'est un honneur dont je sais tout le prix, dont je ressens tout le poids, qui m'est dévolu aujourd'hui.

Je suis appelé à présenter à un public de choix une œuvre qui vient de recevoir la sanction du concours dont elle est issue, une œuvre à laquelle la Société des Agriculteurs de France a décerné, sans conteste, la récompense enviée du « Prix Henri Schneider », pour la première fois attribué à l'étude d'une question chevaline.

Une question chevaline : en est-il dont la solution soit plus impérieuse, soit plus urgente que celle qui nous occupe en ce moment même ?

Le cheval de trait léger venant prendre son point d'appui sur l'entente des exigences de la Défense Nationale associées aux intérêts de l'Agriculture. N'est-ce pas là la saine consécration du vieil adage « Si vis pacem para bellum », justifié par son corollaire essentiel : L'œuvre de Paix venant se vivifier à la source d'un avenir manifeste de pleine sécurité ?

Ce problème, n'est-il pas indispensable de le résoudre sans plus attendre? Le vote imminent de la nouvelle loi des cadres va consacrer la nécessité de nouveaux achats de chevaux pour les Batteries montées d'Artillerie dans des proportions considérables — près de neuf mille unités nouvelles à réclamer à l'Élevage — alors que, au contraire, les Batteries à cheval voient diminuer leur importance.

D'autre part, l'accord vient de se faire tout récemment, dans les milieux techniques, sur l'opportunité manifeste de la refonte du recrutement des attelages des Batteries montées, sur des données pratiques.

Ces données coïncident précisément avec celles du cheval de trait léger, tel que le définit si heureusement le capitaine Charpy, tel que l'envisageait le programme mis si judicieusement au concours par la Section hippique des Agriculteurs de France.

La crise qui met en ce moment aux prises le cheval avec la locomotion mécanique souligne encore, de sa rude éloquence, l'opportunité manifeste de cette intervention, à l'heure où le Progrès réclame du « Moteur animé » des aptitudes économiques impératives.

Enfermé dans le cycle un peu étroit d'un programme tracé, le capitaine Charpy, a su donner au problème posé, sans le soustraire à la dialectique obligée, une solution parfaite : ce qu'il est convenu d'appeler une solution élégante.

Je m'en voudrais de défleurer son œuvre par des commentaires ou des citations, mais il est un devoir auquel je ne saurais me soustraire, c'est celui de présenter l'auteur.

Qu'il me suffise de souligner ici l'heureux concours de circonstances qui a valu au Capitaine Charpy d'étudier successivement, avec fruit, l'élevage normand dans le service des Remontes à Saint-Lô et à Caen, l'élevage breton dans son séjour au Dépôt de Guingamp, enfin de « prospecter » à loisir la vaste région du Nord-Est, comme Commandant du Dépôt de Cuperly.

Capitaine instructeur, puis Commandant d'une Batterie d'Artillerie, il a pu associer heureusement aux données particulières recueillies dans l'Élevage la pratique fructueuse de l'utilisation.

Mais là ne se sont pas bornés ses efforts. En parcourant son livre, on verra que tout ce qui a été écrit sur le cheval — à une date ancienne ou récente — lui est familier, qu'il est au courant de toutes les enquêtes, l'esprit en éveil vers toute indication nouvelle, toujours à la recherche d'un problème pour en déduire la solution. C'est un chercheur, un penseur, un consciencieux, un savant, mais en même temps un esprit pratique.

En parcourant l'étude si documentée du Capitaine Charpy j'y ai fait deux constatations principales que je veux enregistrer.

C'est d'abord la définition du cheval de trait léger adoptée par l'auteur, non pas que je veuille mettre en cause ici une question personnelle, mais, parce que cette définition a servi depuis de formule constitutive à la « Société du Cheval National de Trait Léger ». Si cette Société avait existé au moment où le mémoire de l'auteur a été rédigé, je ne doute pas qu'il se serait associé énergiquement au but patriotique et désintéressé que poursuit la jeune Société dans le même ordre d'idées que l'étude du Capitaine Charpy.

Dans cette étude, j'ai eu plaisir enfin d'enregistrer l'intervention inattendue d'un de mes parents dont le souvenir m'était déjà familier — ses remarquables collections enrichissent le musée de Rennes, — un homme d'étude succédant à des ancêtres qui maniaient plus volontiers l'épée que la plume.

J'ignorais, par contre, — avant d'avoir eu récemment sous les yeux une lettre datée de 1758, adressée par M. Bertin, Directeur Général des Haras, au Comte de Robien, — qu'il y a cent cinquante ans un homme, dont je m'honore de porter le nom, s'était constitué le champion de l'indigénat améliorateur en Bretagne : défenseur de la même doctrine que j'ai adoptée moi-même, en quelque sorte, par atavisme.

Cet exemple, ces efforts, qui se heurtaient trop souvent eux aussi au mauvais vouloir, me sont un précieux réconfort dans la circonstance.

Il est tout de même piquant de constater que mon insistance à l'endroit de la ténacité de l'atavisme reçoit une consécration inattendue sur un chapitre personnel.

****

Il me paraît intéressant de comparer, en terminant, les

conclusions distinctes qui découlent, d'une part de l'étude purement théorique du Commandant Machard, et, d'autre part, du mémoire, à la fois théorique et pratique, du Capitaine Charpy.

Le premier est arrivé à échafauder un cheval que j'ai intitulé ailleurs moi-même « un moteur en équilibre instable à la recherche d'un centre de gravité aussi perfide que l'onde ». Le mouvement lui est interdit.

Quel contraste avec le cheval si plein de vie, que préconise si judicieusement le Capitaine Charpy ! Ce cheval qui tire et qui porte, dont la charpente est vivifiée par la trempe, ce cheval qui, sans prétendre à un mérite excessif, tout à fait illusoire, fait la preuve de sa qualité réelle, qui, utilisable à la culture, d'un entretien peu coûteux, est économique par essence.

En lisant le livre, on voit ce cheval se dessiner, s'animer peu à peu, se répandre — bienfaisant pour son naisseur, pour son éleveur, pour son employeur — à travers les régions les plus diverses de la France. Ces régions jusqu'ici intoxiquées du virus carrossier auront profit à faire naître, à élever ou simplement à utiliser, réserve précieuse pour la Défense Nationale, ce postier de sang « apte à tout ».

Ce postier de sang, les preuves d'aptitude en consacreront la qualité sans affiner le squelette, dans l'utopie de vitesse, qui ici est l'accessoire alors que l'aptitude reste la nécessité primordiale.

Je sais particulièrement gré au Capitaine Charpy d'avoir su défendre avec tant d'éloquence une thèse qui trouvera sans doute des contradicteurs intéressés, mais qui s'impose par sa logique.

Nous avons le devoir de rendre publiquement hommage à des travaux comme celui-ci, qui sait, dans un accord parfait, unir la science à la méthode, la théorie à la pratique.

Un alliage aussi heureusement combiné implique sans aucun doute le succès.

Ce succès résonnera en fanfare par le réveil des « Cavaliers », des « Bombardiers », animés du désir — à l'exemple de leurs frères d'armes de la Cavalerie — de rendre enfin justice à leur cheval de guerre, à ce cheval trop méconnu, outil indispensable des luttes futures, qu'est le cheval d'attelage des Batteries d'artillerie.

Comte Henry de ROBIEN.

SOCIÉTÉ DES AGRICULTEURS DE FRANCE

PRIX HENRI SCHNEIDER

PROGRAMME

PRODUCTION DU CHEVAL DE TRAIT LÉGER
(1909)

Aux termes du legs de M. Henri Schneider, un prix institué par lui devra être décerné « soit à l'élevage français, soit à la culture française, soit à l'étude des questions qui intéressent l'élevage et l'agriculture en général, sous quelque forme que ce soit, et à l'appréciation du conseil de la société. »

Le Conseil a décidé qu'une somme de 1.500 francs provenant des arrérages du legs sera mise, en 1909, à la disposition de la section de Production chevaline pour récompenser l'auteur d'une *Étude sur le cheval de trait léger, tant au point de vue commercial que de son aptitude à la guerre; sa vente en France; ses débouchés à l'Étranger.*

Principaux points à traiter :

La production du cheval de trait léger aujourd'hui ; régions de la France où il existe; moyens de l'améliorer; régions où il n'existe pas qui pourraient le produire utilement.

Différences qui existeraient dans le modèle et la qualité suivant les régions où il serait produit.

Le type réclamé par l'arme de l'artillerie, les qualités qu'il devrait avoir, comment l'obtenir en donnant en même temps satisfaction aux desiderata de la culture.

Caractères qui distingueraient le cheval de trait léger du cheval de demi-sang et de celui de trait proprement dit.

Quels pays étrangers recherchent actuellement ce type, comment en augmenter la vente dans ces mêmes pays ; dans quels pays étrangers pourrait-on trouver de nouveaux débouchés; par quels moyens le faire connaître, publicité, agents, etc...

Types à produire suivant les pays où l'on voudrait exporter.

Les mémoires devront être envoyés au secrétariat de la société avant le 15 février 1909.

Les auteurs ne doivent pas se faire connaître. Chaque manuscrit devra porter une épigraphe ou devise qui sera répétée sur un pli cacheté joint à l'ouvrage et contenant le nom de l'auteur.

Devise : APTE A TOUT, PROPRE A RIEN.

LE TRAIT LÉGER

CHAPITRE PREMIER

Apte à tout, propre à rien.

C'est, prétend-on, la devise du polytechnicien. Je la veux mienne.

Ce n'est pas par orgueil : propre à rien.

Ce n'est pas par modestie : apte à tout.

Ce n'est pas, non plus, par dérision pour la grande École que je respecte.

Non. Cette formule, je la prends telle qu'elle a été faite, je la trouve juste, je l'adopte.

Son explication sera ma préface. L'auteur ne doit pas faire connaître son nom ; il lui sera permis d'exposer ses convictions.

« La doctrine qui a présidé à la marche suivie depuis 1833, » écrivait, en 1850, le général de la Moricière, dans son rapport sur les travaux du Conseil supérieur des Haras, « se trouve exposée « dans le compte rendu de la situation des Haras de 1849.

« Elle se résume dans les passages suivants, qui expriment la « pensée de l'Administration :

« Les Arabes ont conservé chez le cheval, au titre le plus élevé, « les qualités départies par le Créateur à l'espèce ; ils ont main- « tenu dans toute sa pureté et dans toute sa puissance le principe

« générateur de toutes les spécialités, le germe de toutes les per-
« fections et des aptitudes les plus opposées.

« Cette admirable flexibilité tient à ce que le cheval type n'a
« aucune spécialité, mais toutes les perfections et le germe de
« toutes les spécialités : il n'y a qu'à les développer en lui. »

C'est à cette doctrine du cheval type que je vais m'attaquer ; non
pas que je la considère comme absolument fausse dans son principe ; je crois surtout funestes les interprétations qui en ont été
faites.

Je suis bien loin, en effet, de Beaudement, pour qui « la per-
« fection est l'ensemble de tous les caractères qui répondent le
« mieux à une destination d'un animal ». « La perfection, écrit-il,
« c'est la réunion des qualités qui, à l'exclusion de toutes les
« autres, rendent l'animal propre à une seule espèce de service.
« C'est la spécialisation des races. »

Et il ajoute : « La spécialisation des races, c'est-à-dire l'appro-
« priation de chaque race à un genre unique d'emploi, tel est, à
« mes yeux, le terme qu'il faut montrer aux efforts de la produc-
« tion comme pouvant seul réaliser pour chaque aptitude le maxi-
« mum de perfection, c'est-à-dire constituer la machine à son
« maximum de rendement. »

Comme M. le Hello, je crois :

« Que les spécialisations ne sont rationnelles qu'autant qu'elles
« sont maintenues dans les limites convenables. Hors de là, elles
« sont fausses et par conséquent mauvaises ;

« Que l'harmonie dans la réalisation des types est une beauté
« prédominante. »

Mais comme lui, je crois aussi :

« Que la diversité des types est néanmoins, comme la spéciali-
« sation industrielle, la condition idéale, celle où il y a le moins
« de gaspillage, de déperdition du potentiel énergétique fourni
« par les aliments.

« Que lorsque l'on veut faire revivre l'ancienne théorie des
« beautés absolues, on oublie les bénéfices offerts par la spéciali-

« sation, que l'on s'engage dans une voie rétrograde où il y aurait,
« ce n'est pas douteux, tout à perdre.

Et malgré mon goût pour l'équitation, je m'inscris en faux
contre le fameux aphorisme « qui peut le plus, peut le moins.
« Le service de la selle est le plus exigeant ; lorsque le cheval ne
« peut plus y suffire convenablement, il fait encore longtemps un
« bon cheval de trait.

« Toutes les fois qu'un cheval est, au physique et au moral, bien
« doué pour la selle, c'est-à-dire pour l'allure du galop, il sera,
« *a fortiori*, trotteur, carrossier, artilleur, etc... Ce ne sera plus
« qu'une question d'éducation (Jacoulet, *Traité d'Hippologie*). »

Si encore l'application de la doctrine du cheval type avait permis d'aboutir à la production du beau cheval de selle, considéré
comme type idéal, j'applaudirais des deux mains et je me garde-
rais de discuter son principe.

Mais qu'est-il arrivé ? Le pur sang, ayant été trouvé trop léger,
trop nerveux aussi, le gros trait étant trop lourd et trop commun
d'aspect, le cheval qui a été adopté comme type est cet intermédiaire à qui j'en veux d'être forcé de lui appliquer ma devise.

Il porte la selle et le harnais comme maître Jacques portait la
livrée du cocher ou le tablier du cuisinier. Il connaît l'art du tra-
vesti, mais le moine n'a jamais été fait par l'habit.

Et ce pourquoi je lui en veux encore davantage, c'est qu'il a
régné en maître et partout ; que, dans toute la France, ce fut le
cheval, l'améliorateur, le régénérateur, que la mode l'accepta, l'en-
couragea, le paya.

Et maintenant que ses succès sont passés, que sa vogue dimi-
nue, maintenant que disparaît la seule spécialité pour laquelle il
était réellement apte (le coupé trois-quarts étant remplacé par l'au-
tomobile), l'éleveur déconcerté ne sait plus de quel côté s'orienter.
Ce qu'il a été si fier de produire est presque devenu

le haillon incommode
Qu'on déchire et qu'on jette en disant : vieille mode.

Non, il n'y a pas de type idéal pour tous pays et pour tous usages ; ou bien c'est cet être imaginaire, ce cheval fantastique, cet amalgame de toutes les qualités physiques et morales dont nous trouvons la description dans la Nouvelle Maison Rustique de 1740 :

« On dit qu'un cheval, pour être bon, doit avoir trois parties de
« la femme : la poitrine large, la croupe remplie et les crins longs ;
« trois du lion : le maintien, la hardiesse et la fureur ; trois du
« bœuf : l'œil, la narine, la jointure ; trois du mouton : le nez, la
« douceur, la patience ; trois du mulet : la force, la constance au
« travail et le pied ; trois du cerf : la tête, la jambe et le poil court ;
« trois du loup : la gorge, le cou et l'ouïe ; trois du renard : l'oreille,
« la queue et le trot ; trois du serpent : la mémoire, la vue et le
« contournement, et trois du lièvre ou du chat : la course, le pas et
« la souplesse. »

« Le cheval type c'est une chimère », écrivait déjà Solleysel dans son *Parfait Maréchal* (1667).

« Les auteurs qui l'ont décrit prennent chaque partie des che-
« vaux des divers pays et les mettent toutes ensemble pour en
« faire un cheval parfaitement bien fait ; de sorte qu'ils le compo-
« sent à leur mode et en font un cheval de leur façon et non
« comme la nature l'a fait...

« ... Plusieurs m'ont demandé quel était le meilleur et le plus
« beau cheval du monde : je leur ai répondu que, jusqu'à ce qu'ils
« m'eussent dit pour quel usage ils le veulent, je ne pouvais leur
« donner de réponse, parce que la plupart des chevaux de tous
« ces différents pays sont bons et beaux dans leur taille et peu-
« vent être appliqués, selon leur espèce, à l'usage auquel ils sont
« propres. »

Je ne saurais mieux dire.

Dans chaque pays je veux qu'il existe, propre à un certain usage, un cheval type que la science hippique devrait permettre de déterminer et que tous les efforts des Haras devraient tendre à faire produire.

C'est la raison d'être des Haras; ce pourrait être la définition de leur rôle.

Eh! quoi! me dira-t-on. Et la loi de 1874?

Et le cheval de guerre? Les haras ne seraient pas institués exclusivement pour sa fabrication?

Mais qu'est-ce que le cheval de guerre?

C'est le cheval de selle, répondent les cavaliers; et une société à laquelle je m'honore d'appartenir s'est intitulée «Société d'encouragement à l'Élevage du cheval de guerre français» parce que son unique objectif est « la généralisation et l'amélioration du « modèle du cheval de selle apte au service de la guerre ».

Avec tous les membres de cette société, je me réjouis des résultats obtenus et je prêche, même à qui ne veut pas l'entendre, que, loin du sang, il n'est pas de cheval de selle.

Mais je pense à notre artillerie, à nos services de l'arrière, à nos ravitaillements et je voudrais que nos batteries fussent à même de se déplacer rapidement, de passer par tous terrains, d'occuper toutes les positions. Je voudrais qu'elles fussent abondamment ravitaillées, et, si j'ai l'honneur de faire campagne, je ne voudrais pas que, par la faute des moyens de transport, je fusse condamné à vivre de mon pain de guerre et de mes petits vivres.

Et le cheval de guerre, c'est, pour moi, l'artilleur qui attelle canons et caissons, l'humble traîneur de nos approvisionnements, aussi bien que le cheval de l'éclaireur, que la monture du cavalier.

Et je regrette que la Société, dite du cheval de guerre, n'ait pas quelque encouragement pour la fabrication de ces bons serviteurs, qu'elle a bien tort de dédaigner.

Le cheval, qu'il soit de guerre, qu'il soit de luxe, qu'il soit de commerce, peut être employé à deux usages : la selle et le trait.

S'il porte sûrement, rapidement, confortablement, et en tous terrains, c'est un vrai cheval de selle.

S'il tire vigoureusement et énergiquement, c'est un bon cheval de trait.

Certaines races sont particulièrement « de selle »; et ce serait au détriment de leurs qualités que l'on chercherait à développer leur aptitude à la traction.

Les chevaux de certaines espèces, au contraire, sont, par leur conformation, leur masse, leur caractère, absolument aptes au trait; et vouloir leur donner la souplesse, la légèreté, la vitesse, l'allure des races de selle serait consentir à une diminution considérable de leurs qualités de tirage.

Ce sont deux extrêmes, deux types opposés, ainsi que le déclarait le ministre de l'Agriculture dans son discours d'ouverture de la première session du Conseil supérieur des Haras.

Et il invitait les membres du Conseil à « l'étude des différences « physiologiques qui séparent l'une et l'autre famille, des résultats « obtenus en France par les croisements pratiqués avec les mâles « de l'un ou l'autre type.

« Ils devaient rechercher quelle peut être, sur l'amélioration « d'une race donnée, l'influence résultant de l'emploi des mâles « issus du croisement de l'une ou l'autre race; quelles conditions « de sol ou de climat, d'alimentation ou de soins généraux ou « spéciaux sont plus favorables à l'emploi comme reproducteur « de l'étalon de pur sang arabe ou anglais, de l'étalon boulonnais « ou percheron, du métis issu des uns ou des autres avec telle ou « telle race donnée.

« Toutes ces questions avaient été mises au concours par l'Ad-« ministration des Haras. Aucun mémoire n'était parvenu sur « ce sujet. Cependant, l'énoncé suffit pour en faire comprendre « l'importance, pour prouver qu'il est impossible d'en différer « l'étude et qu'il est urgent d'en préparer la solution ».

Les travaux du Conseil et ses opinions firent l'objet d'un rapport d'ensemble rédigé par le général de la Moricière.

« La solution des questions posées par M. le ministre de l'A-« griculture se déduisait tout naturellement des principes sur les-« quels le Conseil avait motivé son appréciation. »

Le concours, auquel la Société des Agriculteurs de France

nous convie, ressemble, par plus d'un point, à celui qu'avait institué l'Administration des Haras.

C'est donc que les solutions, exposées par le général de la
Moricière, n'ont pas été jugées suffisantes, que nous en sommes
toujours au même point.

Espérons que, cette fois, les mémoires ne feront pas défaut, que
nous y trouverons la solution définitive ; qu'après leur lecture
nous aurons enfin la science.

CHAPITRE II

Qu'est-ce que le cheval de trait?

Je veux supposer connu le cheval de selle : il a été étudié, discuté, mensuré, pesé, défini.

Tous ne sont pas d'accord, cependant, sur ses caractéristiques. Quelques-uns ne veulent pas admettre que ce soit le plus ou moins de verticalité du bras qui rende le cheval plus ou moins apte à la selle. La longueur de l'encolure paraît à certains indispensable ; d'autres tiennent avant tout à la puissance de l'arrière-main ; enfin, pour beaucoup, le sang rachète tous les défauts.

Si l'on discute encore sur le modèle du cheval de selle, en tout cas les définitions n'en manquent pas ; on y revient tous les jours. « Encore le cheval de selle, » et toujours lui.

Et le cheval de trait ? Ne mérite-t-il pas une étude ? N'est-il pas utile lui aussi ?

Je cherche en vain partout sa définition, la détermination de toutes les qualités qui le rendent apte à son service.

« Avant de parler de l'élevage du cheval de trait, nous dit M. le
« Directeur du Haras du Pin, dans son cours de Science hippi-
« que, il convient de dire ce qu'est ce cheval et ce qu'il doit être.

« Son unique destination est de traîner des fardeaux plus ou
« moins considérables d'une façon plus ou moins accélérée.

« Dès lors, les qualités de puissance musculaire, de poids et
« de calme, supérieures à celles que l'on trouve chez les chevaux
« de demi-sang, deviennent indispensables. »

Au lieu d'une définition du cheval de trait, c'est un aveu de l'impuissance du demi-sang. Et je ne m'étonne plus de ce que les cultivateurs, qui se servent de leurs chevaux demandent, à cor et à cri, des étalons de trait.

« Donnez-leur des chevaux qui tirent ; » disait finement un ancien Inspecteur général des Haras en s'adressant à un directeur de dépôt d'étalons. Et celui-ci convenait que, parmi ses nombreux pensionnaires, beaucoup d'animaux, d'un caractère pourtant doux et facile, refusaient de démarrer même le squelette de dressage et que certaine famille qui compte au Haras de nombreux représentants était particulièrement rebelle à ce genre d'exercice.

S'est-on d'ailleurs occupé, à l'achat, de leurs qualités probables de tirage ? Ils sont jugés sur leur conformation et sur l'épreuve montée (puisqu'il est convenu d'appeler ainsi l'exhibition sur l'hippodrome de Caen). Après quoi, sans autre forme de procès, ils sont sacrés carrossiers.

Puissance musculaire, poids et calme, sont-ce là toutes les qualités indispensables pour bien tirer ?

« Sans doute la masse est avantageuse, ajoute M. le Directeur
« du Haras du Pin, mais comme elle agit horizontalement et non
« verticalement, ce n'est qu'à la condition qu'elle sera projetée
« en avant par une force motrice considérable qui proviendra de
« la puissance musculaire de l'animal, de la direction plus ou
« moins bonne du mécanisme de son squelette, et qui aura for-
« cément son point de départ principal dans l'arrière-main, chez
« le cheval de trait comme chez le cheval de selle.

« Et dès lors, il ne doit y avoir que très peu de différence de
« construction entre les deux chevaux quant à la direction de
« leurs lignes et à la position du centre de gravité. »

C'est la théorie du cheval type qui possède toutes les perfections et le germe de toutes les spécialités ; il n'y aurait qu'à les développer en lui.

C'est un peu l'avis de MM. Goubaux et Barrier qui écrivent :
« Ce qui spécialise surtout une aptitude particulière, dans une
« catégorie déterminée, celle du gros trait, par exemple, c'est
« moins l'ensemble de la conformation que l'éducation reçue en

« vue de l'adaptation cherchée. Ainsi le limonier, le cheval de grosse
« charrette, de tombereau, le fardier, le cheval de halage, celui
« qui débarde les bois sur les quais, celui qu'on attelle pour
« retenir dans les descentes, celui qu'on emploie comme renfort
« dans les montées sont des chevaux de trait reconnaissables à
« première vue, mais que l'éducation, le dressage, l'habitude ont
« rendus plus propres à bien remplir tel ou tel service.

« Sans doute les qualités qui en font des moteurs spéciaux im-
« pliquent bien quelques modifications physiques, mais celles-ci
« sont imperceptibles eu égard à la part qui incombe aux modi-
« fications morales.

« Or, il faut prendre garde de ne pas confondre parmi les chan-
« gements de la forme du corps ceux qui résultent de l'adapta-
« tion véritable et ceux qui proviennent de l'usure. Dans l'espèce
« les premiers sont incomparablement plus faibles que les
« seconds et l'on ne saurait les considérer comme capables de réa-
« liser des types distincts de conformation qu'autant que ces
« changements se seraient produits et transmis durant de lon-
« gues générations. »

Puisque des changements ont pu se produire, il semble que le
nombre des générations soit maintenant suffisant pour que nous
puissions sortir des généralités.

En 1806, le service des Haras osait être plus explicite. C'est dans
son programme que nous trouvons la seule mention de qualités
spéciales autres que celles de masse et qui rendraient le cheval
plus apte au service du trait.

« Le cheval de gros trait ou de charrette doit avoir 1 m. 543 à
« 1 m. 654 (4 pieds 9 pouces à 5 pieds) et une *certaine lon-*
« *gueur de corps,* ce qui lui donne évidemment beaucoup d'em-
« pire sur le fardeau qu'il doit traîner lentement et lui procurer
« plus d'avantage pour embrasser plus de terrain à chaque pas.

« Son épine dorsale doit être prononcée et soutenue ; ses reins
« et sa croupe doivent être larges, ses fesses bien fournies, il doit
« être lui-même épais, très ouvert devant, ce qui suppose un

« grand poitrail ; ses épaules doivent être bien charnues, son
« encolure forte, sa crinière bien fournie.

« Ses membres doivent être proportionnés à cette conforma-
« tion colossale. L'ampleur des membres devant être considéra-
« ble, les aplombs doivent être, plus que pour toutes autres
« espèces, exacts et positifs.

« Les pieds doivent être également de forte dimension, sans
« être ni plats, ni combles.

« Les jarrets ne doivent pas être gras, mais être évidés, autant
« que possible pour cette espèce de chevaux et *suffisamment*
« *coudés.* »

Un corps trop court et des jarrets trop droits seraient des
défauts pour le cheval de trait.

MM. Goubaux et Barrier demandent, au contraire, pour ce
cheval « un corps ample, près de terre, bien râblé et court ».

Ils reconnaissent qu'une certaine fermeture des jarrets peut
être favorable au déploiement de la force, mais ils estiment que
« le jarret droit n'est pas défectueux pour les services pénibles ».

CHAPITRE III

La beauté du cheval est mathématique.

(Richard du Cantal.)

Nous ne sommes donc pas fixés et toute conformation particulière paraît encore discutable.

Ce n'est pas faute, cependant, de raisonner sur les leviers de tous les genres et sur la mécanique animale et puisque « la beauté du cheval est mathématique », nous devrions pouvoir, s'il existe pour chaque usage une conformation spéciale, établir les caractéristiques de cette conformation.

Le commandant Machard s'est essayé à la mathématique du cheval de trait. Il a fait paraître, dans les Revues d'artillerie de 1900 et 1901, les résultats de ses travaux.

Ce sont des études intéressantes, consciencieuses, documentées, savantes. Après un historique du cheval d'artillerie, des notions sommaires sur le tirage des voitures et sur le travail automoteur, le commandant Machard traite du mécanisme de la traction.

Il passe en revue toutes les expériences des généraux Morin, Morris et Berge, de Régnier, de M. Lavalard. De tout cela et de sa théorie mathématique de la traction, il déduit la conformation idéale du cheval de trait.

Combien est délicate la théorie de la pratique, même pour qui possède bien la pratique de la théorie !

Et d'abord, il faut partir d'une hypothèse. Celle du commandant Machard est-elle bien justifiée ?

Il suppose que le cheval qui tire cherche à disposer son corps de telle sorte que la répartition des efforts sur ses membres reste la même que dans la station libre.

Le résultats devraient justifier l'hypothèse.

Je ne me permettrai pas de critiquer, ni même de discuter la théorie du commandant Machard. Je le féliciterai, au contraire, respectueusement d'avoir osé l'entreprendre, d'avoir daigné s'occuper du cheval de trait, d'avoir engagé les artilleurs « à consti- « tuer un centre d'études pour la question de ce cheval ».

Et j'aurai à revenir sur les observations très judicieuses que l'on rencontre à chaque page de son travail, sur les conseils pratiques dont tous pourraient tirer très grand profit.

Il est entendu d'ailleurs que le cheval théorique ne peut pas être le cheval pratique et la caricature du cheval théorique serait trop facile.

Je citerai seulement les principes qui découlent de ses travaux.

Conformation du cheval de trait.

« 1° La puissance de traction est proportionnelle au poids du « cheval ; elle dépend peu de ses qualités, qui influent seulement sur « la vitesse et la durée du travail.

« 2° A poids égal, la puissance est en raison inverse de la taille. « Elle augmente donc avec la longueur et la largeur.

« 3° Elle augmente en outre avec la longueur et le poids de « l'encolure.

« 4° Le brièveté du corps pour le porteur n'est pas une qua- « lité absolue ; elle est un défaut pour le sous-verge.

« *Nota.*— Mieux vaut cependant un cheval grand et court qu'un « cheval bas et long et qui aurait l'encolure courte.

« 5° Les défectuosités, même graves, de l'arrière-main n'em- « pêchent pas le cheval de faire un service de trait passable, sur- « tout au pas, si l'avant-main est bon. »

Et ailleurs : « Il est bon que le cheval ait l'encolure longue « et épaisse, la tête volumineuse ; l'avant-main développé et très « charnu.

« Il est bon que le cheval soit naturellement campé de derrière. »

Le commandant Machard en conclut que le carrossier est un bon type de cheval d'artillerie.

Il a, par les dimensions ordinaires de sa tête, la longueur de son encolure et celle de son corps, la longitude de ses jarrets, les qualités d'un bon attelage.

Il manquait au carrossier cette consécration mathématique qui lui fait mériter d'autant plus d'être comparé à celui pour qui ma devise a été instituée.

Je n'insiste pas et je passe à une autre étude absolument inédite, et qui a été faite aussi par un chef d'escadron d'artillerie, le commandant Caron, instructeur en chef d'équitation et de conduite des voitures à l'École de Fontainebleau.

Le commandant Caron se plaçait surtout au point de vue du cheval de selle, et c'est en cherchant à déterminer les qualités de ce cheval qu'il a été amené à constater ce qui le différencie du cheval de trait.

Le commandant Caron a eu l'idée de réduire photographiquement des silhouettes à une dimension commune, hauteur ou longueur, pour les comparer entre elles en faisant coïncider la dimension commune égalisée.

« Ce procédé l'a amené à des conclusions qui sortent un peu
« des théories admises jusqu'à ce jour ou du moins qui montrent
« que la terminologie admise, en ce qui concerne les proportions,
« aurait besoin d'être un peu précisée. »

Ainsi ses mensurations lui ont permis de prouver que le cheval de pur sang est un cheval court, bien qu'il soit toujours qualifié de longiligne ; et que le cheval de gros trait, dit bréviligne, est un animal dont la longueur excède de beaucoup la hauteur.

Je me contente de reproduire ici la planche qui résume les constatations faites sur l'ensemble des croquis au point de vue de la différence qui existe entre les chevaux de trait et les chevaux de selle, en ce qui concerne les dimensions générales de l'animal.

« En comparant, chez les meilleurs chevaux des différents types,
« depuis le cheval de courses plates jusqu'au gros fardier, les
« dimensions générales suivantes et leurs rapports : savoir
« 1° hauteur ou taille ; 2° longueur ou distance horizontale de

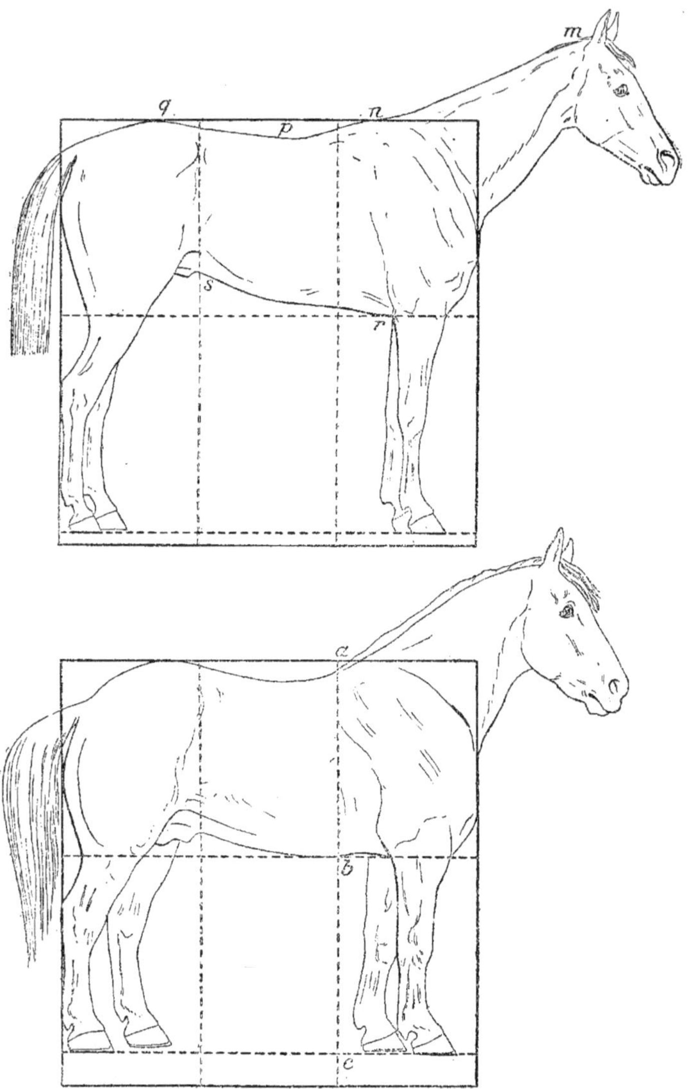

Le cheval de sang et le cheval de trait, d'après le commandant Caron.

« la pointe de l'épaule à la pointe de la fesse ; 3° longueur des
« jambes à partir du point le plus bas du sternum ; 4° hauteur
« de poitrine du sommet du garrot au point le plus bas du ster-
« num ; 5° dimension horizontale de la croupe de la pointe de la
« hanche à l'aplomb de la pointe de la fesse ; 6° dimension horizon-
« tale du thorax de la pointe de l'épaule à l'aplomb de la pointe
« de la hanche, on constate que les rapports entre ces diverses
« dimensions sont identiques, sauf en ce qui concerne la taille, et
« cette différence provient simplement de ce que (toutes choses
« égales d'ailleurs) le cheval de vitesse a de plus longues jambes
« que le cheval de trait.

« Si, malgré l'identité des dimensions principales du coffre,
« l'aspect des deux silhouettes est fort différent, cela tient à l'évi-
« dement du thorax et de l'encolure du cheval de vitesse joint à
« une forme plus ogivale des côtés et un empâtement musculaire
« moindre du squelette.

« Cela se traduit dans les lignes de la silhouette par une suc-
« cession de grandes lignes droites remplaçant chez le cheval de
« vitesse les lignes courbes continues de la silhouette du cheval
« de trait. »

Conclusion : le cheval de trait et le cheval de vitesse diffèrent
surtout par la longueur des jambes.

Or, le cheval de vitesse est, paraît-il, l'idéal du cheval de selle ;
donc le cheval de selle doit être haut de terre. Il doit pouvoir s'ins-
crire dans un carré. Bourgelat avait raison.

Le cheval de trait doit être près de terre, avoir les jambes courtes (short legs). La longueur de son corps doit être supérieure à
sa taille.

La seule question, décidément, sur laquelle tout le monde est
bien d'accord est celle de l'ampleur que l'on veut bien reconnaître nécessaire et aussi celle de la force des articulations, de la
largeur des membres que l'on veut bien convenir être des attri-
buts des races de gros trait ; tout en ne manquant pas de faire remarquer que les membres paraissent surtout forts grâce à l'épais-

seur de la peau, que la densité des os et des tendons est bien moins grande que chez le cheval de sang.

« Prenez l'os de la jambe d'un barbe, ce que j'ai éprouvé, vous
« trouverez que c'est tout os et qu'il n'y a de vide au milieu qu'un
« petit trou où une paille ne saurait entrer et l'os de la jambe du
« cheval de Flandres a un trou où vous mettriez presque le doigt
« (Solleysel). »

Tous sont aussi d'accord sur la direction de la croupe. Lorsque les hippologues résument leurs desiderata pour le service du trait, ils ne mentionnent plus l'obliquité de la croupe comme indispensable. Ils n'osent pas, sans doute, préconiser une disposition que beaucoup trouvent disgracieuse.

« La beauté idéale de la croupe est l'horizontale, » écrit M. Johanny Pertus dans son *Guide de l'acheteur ;* et M. de Gasté insiste sur l'horizontalité de la croupe « nécessaire au cheval de
« vitesse et n'empêchant pas du tout le cheval de porter du
« poids ».

M. Jacoulet préfère, il est vrai, une croupe plus inclinée « parce
« que l'arrière-main s'engage davantage et plus facilement sous
« la masse, que la ligne du dessus est soutenue, porte allègre-
« ment la charge et conserve sa rigidité pour transmettre inté-
« gralement l'impulsion.

« Aussi bien, écrit-il, c'est la conformation qu'on rencontre chez
« presque tous les grands steeple-chasers, chez les bons chevaux
« de chasse, de cavalerie, de trait léger et de gros trait. »

De Curnieu, lui, avait en horreur l'horizontalité de la croupe. Les croupes avalées, même les plus difformes, lui ont toujours paru appartenir à de bons chevaux.

Pour lui « le cheval chez lequel la ligne qui joint la pointe
« de la hanche à la pointe de la fesse se rapproche de l'horizon-
« tale est mauvais, et mauvais de tout point. Il n'a ni puissance
« de progression, ni facilité pour se rassembler, ni énergie, ni
« bonne volonté dans le travail. Presque tous les chevaux nor-
« mands sont ainsi faits ».

Si l'accord n'existe pas pour le cheval de selle, tous reconnaissent que pour le cheval de trait l'horizontalité de la croupe serait un défaut.

« Les tractionneurs à intensité de contraction ont intérêt à
« avoir une croupe plus rabattue que les porteurs parce qu'on
« n'exige pas d'eux la vitesse qu'on demande à ces derniers et
« parce que cette disposition donne aux muscles croupiens et
« ischio-tibiaux des insertions plus perpendiculaires, ce qui leur
« permet de produire des effets plus intenses pour démarrer une
« charge (de Gasté) ».

La croupe doit être inclinée. — Voilà, ce me semble, une caractéristique du cheval de trait. C'est si bien une caractéristique, l'obliquité de la croupe est tellement indispensable qu'elle s'accentue souvent par le fait même de l'utilisation. « La croupe se modifie
« et devient plus oblique lorsque le jeune cheval est attelé trop tôt
« à de lourdes charges (Goubaux et Barrier) ».

M. de Gasté, dans son étude du modèle, n'est pas descendu jusqu'au jarret. Il aurait sans doute, comme tous les cavaliers, préconisé le jarret droit comme plus favorable à la vitesse.

Les charretiers, qui le dénomment jarret de chien, le considèrent comme mauvais pour le tirage. Je veux croire que leur bon sens n'est pas en défaut et je me range à leur avis et à celui du programme du service des haras de 1806. Le cheval de trait doit avoir le jarret légèrement coudé.

Enfin le développement de certains muscles est aussi l'indice d'une grande puissance pour les animaux de cette catégorie. C'est celui de tous les muscles de chasse et, par conséquent, de presque tous ceux de l'encolure qui en devient épaisse, des muscles des fesses et des cuisses, et, pour les membres antérieurs, celui des extenseurs du bras, celui du cône musculaire des extenseurs de l'avant-bras qui font paraître les épaules chargées surtout à leur partie inférieure et enfin celui des extenseurs du métacarpe et des phalanges qui se dessine puissamment à la partie antérieure de l'avant-bras.

CHAPITRE IV

A la recherche d'une définition.

Si le cheval de trait était, par définition, « celui qui traîne des « fardeaux plus ou moins considérables à une allure plus ou « moins accélérée », quel est le cheval qui ne pourrait être dit de trait ?

Mais de même tout cheval pourrait être dit de selle. Qui n'a vu, en effet, le charretier somnolant confortablement sur le dos de son fardier ? Et encore, qui n'a vu l'écuyère de cirque faisant exécuter à un percheron authentique les airs de manège les plus variés ?

Et pourtant personne n'ose appeler cheval de selle, le percheron ou le boulonnais.

Également personne n'a l'idée de classer le cheval de pur sang dans la catégorie des chevaux de trait.

Puisque nous manquons d'une définition pour le cheval de trait, nous ne nous étonnons pas de ne trouver nulle part la définition du trait léger.

Que peut bien être cet animal ? Un cheval de trait, sans doute, moins lourd que le gros trait et suffisamment actif pour que ses allures, comme sa conformation permettent de le déclarer léger ? M. de la Palisse ne dirait pas mieux.

Mais comment le définir autrement ?

Lorsque le cheval est massif dans sa conformation et capable de traîner les plus lourds fardeaux, c'est un gros trait.

Lorsqu'il épaule gaillardement les plus lourdes charges et les enlève à bonne allure, c'est « un gros trait rapide ».

Lorsqu'il est de taille plus réduite et, par conséquent, moins puissant et moins lourd, c'est souvent « un petit trait ».

Le trait léger c'est autre chose que tout cela.

Est-ce le carrossier que, d'ailleurs, M. Jacoulet range dans la catégorie des chevaux de trait léger ?

Mais alors, je me le demande, pourquoi, dans cette catégorie, n'a-t-il pas classé tout cheval ? Pourquoi n'y a-t-il pas, par principe, classé tous les chevaux de selle et de chasse, puisque « le « service de la selle, sous toutes ses formes, ayant des exigences « beaucoup plus impérieuses que les services attelés, comporte, « par conséquent, l'aptitude à ces derniers services (Jacoulet et « Chomel, *Hippologie*.) »

Pourquoi n'y a-t-il pas mis, en particulier, le cheval de pur sang, dont il vante, l'excellence comme « tractionneur de trait « léger »?

Non, le carrossier n'est pas un trait léger. Ce serait lui faire injure.

« Le vrai type du trait léger », nous disent MM. Goubaux et Barrier, « c'est le postier. »

Mais il est aussi difficile de définir le postier que le trait léger.

Qu'est-ce que le trait léger ? C'est le postier.

Qu'est-ce que le postier ? C'est le trait-léger.

Si encore je trouvais déterminée sa conformation, je renoncerais à chercher cette définition, qui m'importerait peu. Mais fixer une conformation pour un cheval qui est, paraît-il, un inter- « médiaire entre le petit carrossier et le cheval de gros trait « rapide » (Goubaux et Barrier) semble un problème insoluble.

Le gros trait rapide est loin d'être défini. « C'est le même type « que le gros trait lent avec plus ou moins d'ampleur et de vitesse, « suivant la taille et la destination (G. et B.). »

Et le petit carrossier est moins défini encore bien qu'on lui assigne comme beautés « la longueur de l'encolure et assez d'ampleur « pour bien remplir le harnais (G. et B.).»

Les caractères du postier le rapprocheraient, paraît-il, du cob.

« dont il n'aurait, cependant, pas la finesse et la distinction ».

Le cob? « C'est un cheval de luxe à deux fins, qui sert de
« monture aux personnes d'âge et de gros poids et qui peut en
« outre être employé comme bête d'attelage aux voitures légè-
« res.

« C'est un cheval d'un usage très agréable, court, trapu, mus-
« clé, bien suivi, de formes arrondies, près de terre, à tête expres-
« sive, un peu fort d'encolure, solidement charpenté et de tempé-
« rament calme et docile (G. et B.). »

C'est bien là le « type effacé et à moitié volumineux » que de
Curnieu, dans ses phrases si nettes et si mordantes, ridiculisait
inlassablement.

« Ce cheval, qui porte la tête et la queue et qui se monte mal,
« qui est léger sans être énergique, qui a un peu de poids sans
« être réellement fort de tirage, qui est leste et qui n'a pas de
« train, cet animal plaît à tout le monde ici. »

Hélas! Le postier, tel que beaucoup le comprennent, se rapproche beaucoup de ce cheval dont les qualités sont de n'en point
avoir et aussi d'être de formes arrondies.

« Les Allemands appellent races de travail (Arbeitschlag)
« les chevaux de gros trait et de trait léger.

« Ils constatent qu'il est très difficile d'indiquer la limite exacte
« entre les deux catégories; et cependant il y a lieu, suivant eux,
« de s'arrêter à un poids déterminé comme point de départ de
« l'une et de l'autre.

« Une classification d'après la taille ne leur paraît pas plus
« exacte, car elle amène aussi beaucoup de confusion (Lava-
« lard). »

Le trait léger n'est toujours pas défini.

Reprenons le programme du service des Haras de 1806. On
n'oubliait pas alors le trait léger et on lui consacrait un paragra-
phe spécial.

« Pour être considéré comme tel, il doit n'avoir qu'une taille de
« 1 m. 543 à 1 m. 570 (4 pieds 7 pouces à 4 pieds 10 pouces) et une

« conformation analogue à celle du gros trait : toutefois, avec
« cette différence qu'elle doit être plus légère et plus en rapport
« avec une taille moyenne.

« Le cheval de trait léger étant fréquemment dans le cas de
« trotter, il doit être dans toutes ses parties de moindre volume,
« mais toujours bien membré et bien gigoté.

« Il doit avoir la tête moins forte, l'encolure moins épaisse, le
« rein plus court, le poitrail moins chargé; le poil aux jambes
« plus rare, le pied plus léger que n'a le cheval de gros trait.

« Le caractère distinctif du cheval de trait léger est d'être
« propre à tout usage autre que la selle : encore convient-il sou‑
« vent comme bidet de poste.

« Il est propre au service de l'artillerie, du train, des message-
« ries, des postes, et généralement à l'industrie, notamment à
« l'agriculture. »

Voilà enfin presque une définition : le cheval de trait léger est
le cheval propre au service de l'artillerie.

C'est une définition; car le service du cheval d'artillerie doit être
connu : on doit savoir le travail qu'il a à fournir, les conditions
de ce travail ; et déduire de là les qualités qui lui sont nécessaires
devrait être chose facile.

Il est trop simple, me dira-t-on, de déclarer que le cheval d'artillerie et le cheval de trait léger ne font qu'un, il faut encore le
prouver.

Dire que l'on devait appeler « trait léger » tout cheval apte au
service de l'artillerie, c'est peut-être étendre à beaucoup d'espèces,
de races et de modèles, une qualification que l'usage a réservée à
quelques espèces seulement.

Il faut d'abord vérifier si l'espèce communément appelée trait
léger est réellement la seule artilleuse. Et de suite on a l'idée de
voir défiler les attelages de nos batteries et comme on y trouve
toutes races, tous modèles, toutes tailles, on doit penser que la
définition que l'on s'est forgée, pour être élégante, n'en est pas
moins erronée.

Le cheval de trait léger était déclaré, en 1806, propre au service de l'artillerie. Les besoins de cette arme peuvent avoir changé? il lui faut un type supérieur ou bien seulement différent?

L'artilleur et le trait léger ne peuvent plus s'identifier?

Et d'ailleurs les races se sont transformées. Ce que l'on appelait autrefois « trait léger » ressemble-t-il au cheval actuel du même nom?

Le trait léger c'était l'artilleur; c'était aussi le cheval de poste, celui qui assurait le service rude et pénible des diligences.

Reportons-nous au portrait de l'ancien cheval de poste. Sa taille? « 1 m. 50 à 1 m. 55. »

Sa conformation? « Une tête carrée assez forte, une encolure « courte et épaisse, une poitrine large, un dos creux, une épaule « droite, un garrot épais, une croupe large toujours avalée, des « membres forts, mais des canons grêles. »

Son espèce, sa race? C'est un breton, ou un percheron de petite taille ou un petit boulonnais (Lavalard).

Un percheron de petite taille ou un petit boulonnais? Mais où sont les neiges d'antan?

Quant au breton, il a dû se transformer, lui aussi, depuis un siècle, un siècle de croisements!

Toutes les variétés bretonnes que nous distinguons, et que nous ont appris à connaître les rapports si remarquables que la Société des Agriculteurs de France a couronnés en 1907, existaient-elles il y a cent ans?

Et alors quelle était, parmi toutes ces variétés, celle réellement de trait léger?

Et à l'heure actuelle, puisque breton est pour ainsi dire synonyme de postier, faut-il n'admettre dans cette catégorie que celui qui porte (et je le plains, car elle est lourde) la marque de fabrique?

Ou bien faut-il y comprendre, par exemple, la variété de Corlay, qui a toujours été signalée comme remarquable et qui, d'après M. Lavalard, « devait le plus promettre pour l'avenir, surtout « quand il a été question de la mélanger avec le Norfolk »?

CHAPITRE V

Les races.

Est-ce par l'étude des races que nous nous en tirerons? Les races? Il faut encore définir et nous n'en finirions pas.

« Un certain nombre de savants définissent la race, la plus « grande collectivité naturelle d'être organisés issus les uns des « autres ou la plus grande collection d'individus représentant la « descendance d'un couple, comme la famille représente la plus « petite ; et pour eux l'espèce est le type dans lequel sont cons- « truits tous les individus de la même race. »

Et comme Noé eut trois fils, Sem, Cham et Japhet, qui furent les chefs des trois races humaines, caractérisées par leur profil, de même le couple équin, après sa sortie de l'Arche, aurait eu huit fils qui se seraient partagé le monde et qui auraient fondé les huit races : asiatica, africana, hibernica, britannica, belgica, germanica, frisia, sequania, que les caractères crâniologiques permettent de distinguer.

Asiatici en France sont « le cheval des landes de Bretagne, le « limousin, le creusois, le corrézien, le berrichon, l'auvergnat, « le cheval des landes de Gascogne, de la Navarre, de la Camar- « gue, de l'Aude, du Morvan, de l'Alsace-Lorraine ».

Hibernicus est le breton ; britannicus, le boulonnais ; belgicus, l'ardennais ; germanici, le normand, le comtois ; frisii, le picard, le poitevin ; sequanii, le percheron, le nivernais.

Et M. Diffloth, dans sa zootechnie, résume les monographies de « ces principales races chevalines maintenues à l'état de pureté ».

Mais il ajoute que de nombreux croisements ont été pratiqués,

« que la vogue du pur sang et les nécessités de la défense natio-
« nale ont contribué, sans conteste, à établir une confusion dans
« la production hippique française » !

Et ce serait pour cette cause que la population équine de la
Bretagne serait très mélangée.

Mais M. Diffloth nous rassure. « On y tente avec succès de rétablir le type primitif dans toute sa précision », et plus loin : « L'é-
« levage de ces régions semble s'orienter vers la production du
« cheval de trait léger, dit postier. »

Equus caballus hibernicus serait donc le trait léger. Mais pour
en arriver au postier, pour reconstituer le trait-léger, le croisement est recommandé et avec le Norfolk (britannicus) !!

Laissons au zootechnicien la définition de la race que j'ai donnée plus haut.

Pour l'hippologue, pour l'éleveur et pour le public, l'usage a
heureusement donné un autre sens à ce mot.

Le général de la Moricière définit très heureusement ce sens. Il
énumère les diverses causes qui influent sur le développement
des formes et les qualités de l'espèce chevaline.

L'hérédité d'abord, « puis, en dehors de son action, celle du
« climat, du terroir, des soins et du régime alimentaire auxquels
« l'animal est soumis, surtout pendant l'élevage, de l'état de
« l'agriculture duquel dépend, en général, la qualité de l'alimen-
« tation qu'il reçoit, enfin celui du rôle qu'il joue dans l'exploita-
« tion du sol ».

Puis il ajoute : « Lorsque, dans une contrée, toutes les circons-
« tances que nous venons de mentionner restent généralement les
« mêmes et que, par leur influence, l'espèce chevaline est arrivée
« à se reproduire par elle-même, d'une manière stable, pendant
« une longue suite de générations avec des formes et des qualités
« particulières, lorsque ces formes et ces qualités donnent aux
« individus qui la composent une sorte d'air de famille auquel on
« les reconnaît, alors elle constitue ce qu'on nomme *une race* et

« cette race prend le plus ordinairement le nom des pays où elle
« est produite et où elle se perpétue. »

Si, pour qu'il y ait race, il faut que l'espèce chevaline soit arrivée à se reproduire, par elle-même, d'une manière stable, pendant
une longue suite de générations, je ne vois en France que bien
peu de races.

Il y a la percheronne (1), il y a la boulonnaise. La normande
elle-même est loin d'être exempte de croisements.

Et pourtant « la croyance générale, la voix du peuple », n'hésite
pas à distinguer la race ardennaise, la lorraine, la bretonne,
auxquelles les croisements les plus désordonnés n'ont pas été
ménagés.

On pourrait me répondre que « lorsque des races homogènes
« et bien établies existent depuis longtemps dans un pays, la con-
« formation particulière a un cachet de permanence et de fixité,
« et elle peut résister, même pendant quelques générations, à des
« modifications notables dans les circonstances générales sous
« l'empire desquelles elle s'était produite ; à ce moment, elle est,
« comme on le dit, passée dans le sang ».

Il faut avouer que l'action de l'hérédité est bien minime et que
les autres éléments ont une influence considérable.

Est-il une race dans laquelle les individus qui la composent
aient plus un air de famille que la bretonne? et pourtant les
croisements qui lui ont été infligés ne datent pas d'hier.

Mais encore : tous les chevaux de la péninsule armoricaine
reçoivent-ils les mêmes soins? Sont-ils soumis au même régime
alimentaire? L'état de l'agriculture est-il le même sur tous les
points de la Bretagne?

Certes, non. Ici c'est la lande et là c'est le chou : ici l'écurie
sombre et l'immobilité, et là le grand air et la vie, sauvage; ici
c'est l'ajonc et là c'est... la soupe.
Et ces différences ne sont pas d'aujourd'hui.

(1) La race percheronne elle-même est-elle si ancienne? Avant l'an IX, nous
ne trouvons nulle part mention de son existence. On connaît les chevaux du
Perche; mais le Perche n'a pas encore de race.

CHAPITRE VI

Une page de l'histoire de l'élevage en Bretagne *.

J'écrirai, un jour, l'histoire de l'élevage en Bretagne. Elle en vaut la peine et les documents fourmillent, les plus précis et les plus complets.

Pour le xviiie siècle, en particulier, je ferai connaître tous les achats d'étalons. Je dirai la race demandée et aussi l'espèce.

Je suivrai dans leurs tournées les acheteurs de ces étalons. M. de Mauléon, écuyer cy devant de feu M. le duc de Lorge, qui, au mois de décembre 1765, revient de Gueldre avec 20 chevaux et est heureux d'avoir passé le Rhin et la Meuse. Il avait peur des glaces puisqu'on a vu des personnes obligées de rester six semaines à l'auberge et de manger leurs chevaux. — M. Hélie, directeur des Messageries de Bretagne, qui, en Angleterre, court de ville en ville, et de foire en foire pour acheter les 20 carros-siers et les 8 chevaux de selle qui lui ont été commandés ; qui, à Beverley (un bon coin pourtant), ne trouve rien, pas plus qu'à la foire de Driffield, où il n'a vu que de vieux chevaux.

Il y est descendu à l'hôtel du Lion Rouge et il y a mangé pour 2 shellings ; il y a pris du café, bu du vin qui lui a coûté 1 shel-ling, tandis que son domestique a bu de l'ale.

M. Augustin, capitaine de dragons, écuyer de S. A. S. Mgr le duc d'Orléans, qui achète en Allemagne 12 étalons et 12 aussi en Angleterre, à Beverley.

Et ceux-ci sont bien difformes et bien tarés, au dire de M. de

* D'après documents des archives départementales d'Ille-et-Vilaine (liasses 3916 et suivantes).

Tromelin, inspecteur des haras de l'évêché de Tréguier, et bien
chers aussi

Le Baronet................... a été payé 2600 livres.
Le Camarade ....   —   2400   —
Le Royaliste..............   —   1948   —
Le Jalappe................   —   1830   —
Le Corsaire..............   —   1225   —

Bien chers, et bien tarés, et bien difformes, car si le Baronet a
une tête busquée (ce qui est une qualité et ce qui pourra corriger
l'affreuse camarde des bretons), cette tête est « trop pesante ; ses
« oreilles sont mal placées, ses yeux sont petits, son encolure
« fausse et basse, son garrot rond, ses épaules froides et non
« déliées, ses avant-bras grêles, ses tendons faillis, ses boulets
« droits ». Il est court jointé ; ses sabots sont plats, sa corne remplie de formes. Son dos est bien, mais son flanc est coupé, ses han-
ches sont hautes et serrées, et sa croupe de mulet.

Sa queue est bien placée (elle est coupée en tronçon de 1 pied
de long) ; sa cuisse est grêle ; ses jarrets droits et pleins de vessigons. Il a aussi des molettes.

Enfin c'est un cheval étroit de devant et pas assez ouvert derrière.

Et le Jalappe, le Corsaire, le Royaliste, le Camarade ne sont pas
meilleurs.

Ils vont faire la monte à Pontrieux, où l'on est en train de cons-
truire pour la station une écurie sur le bord de la route qui mène
à Trom-Rouge.

En attendant, cette station, de 14 chevaux, est installée dans
l'écurie où pend pour enseigne le Lion d'Or.

Cinq palefreniers, surveillés par un garde-haras, y soignent les
étalons. Les palefreniers ont un uniforme bleu avec sarreau
d'écurie aux frais de la province, portant chacun pour les distinguer un écusson brodé en laine sur la manche.

..... Je suivrai M. Duchêne, écuyer du Roi et directeur du

manège de Rennes, que l'on envoie en Normandie, en Espagne et dans le Limousin et dont les achats donnent toute satisfaction...

Je voudrais, seulement, dans ce mémoire, faire connaître, pour cette période du xviiie siècle, les efforts des États de Bretagne pour améliorer (que dis-je?), pour changer la race chevaline qu'ils jugent mauvaise et inférieure à toutes les autres, pour modifier les procédés d'élevage et en particulier la manière de nourrir.

Vains efforts. Car la manière de nourrir est restée telle qu'elle était jadis et la race est restée bretonne.

Une seule chose est changée. Cette race, que l'on trouvait mauvaise, inférieure, défectueuse et laide, est maintenant jugée excellente, supérieure et parfaite et, qui plus est (et c'est ce qui m'effraye pour elle), elle devient à la mode... Chacun son tour.

La manière de nourrir, c'est un des inspecteurs des haras qui nous l'apprend.

A cette époque, les inspecteurs étaient des gentilshommes qui remplissaient leurs fonctions gratis et qui, par horreur du fonctionarisme et par l'amour de l'indépendance, s'en seraient excusés si on leur avait fixé des appointements.

C'étaient les de Saisy, de Plœuc, de Quelen, Fleuriot de Langle, de Calan, de Saint-Pern et autres dont les descendants ont hérité l'amour pour le cheval.

Il y avait ordinairement un inspecteur par évêché. Son rôle était de surveiller tout le fonctionnement des haras dans sa circonscription, de renseigner les États sur les étalons qu'il jugeait nécessaire d'acheter et de fournir des rapports sur la monte et sur la production.

C'est dans un de ces rapports de 1732 que nous trouvons, à propos de l'élevage dans le Léon :

« Il ne serait pas hors de propos de répandre des gratifications « sur les habitants pour les engager à quitter la mauvaise habitude de nourrir les poulains (comme ils font d'ordinaire en les « engraissant comme des cochons) : pour les mettre à l'herbe et

« dans les écuries au foin, au son de froment, à l'avoine et autres
« grains.

« Ceux-là mériteraient bien une récompense tant pour les
« indemniser des frais d'une nourriture extraordinaire que pour
« exciter les autres à en user de même et à abandonner la détesta-
« ble manière dont on vient de parler, qui discrédite les chevaux
« de la Province au point que la cavalerie qui s'y trouve en
« quartier n'ose s'hasarder d'y faire des remontes et ne les prend
« que de seconde main, les allant chercher chez les habitants des
« provinces voisines qui, en ayant couru le risque, les leur ven-
« dent bien cher quand ils se sont dégorgés dans leurs prairies. »

En 1780 l'Intendant de la Bove écrivait aussi :

« On donne aux poulains indifféremment, à tous les âges et
« dans tous les temps, des grains, des herbes, des légumes de
« toute espèce ; les panais, les navets, les choux sont leur aliment
« habituel ; souvent même on les engraisse avec une espèce de
« potage composé de lait, de son, de choux et autres légumes
« hachés...

« En effet, un cheval bien gros, bien large, taillé en taureau,
« principalement par la tête, est celui dont les paysans bretons
« semblent faire le plus de cas. »

Quant aux croisements ils sont de toute sorte, confus et variés.

Il y avait bien, comme je l'ai dit, des inspecteurs qui aimaient
le cheval et le connaissaient « et qui savaient aussi l'espèce des
« juments de leur évêché, la qualité des pâturages, le génie et les
« facultés des habitants ».

M. de Saisy réclamait des bidets. Il voyait avec peine la disparition de cette excellente espèce ; et l'on chargeait M. de la Fru-
glaye d'en acheter 23, dont 4 pour Rennes, 4 pour Saint-Malo,
12 pour Quimper et 3 pour Vannes.

Sa tournée ne lui servit qu'à constater la perte de cette espèce
« que l'on désire rétablir, les regrets des paysans et leur satisfac-
« tion de ce que la province s'occupe du soin de la recouvrer ».

Il va pourtant dans les meilleurs coins, à Briec, Landrevansec,

Plougonec, Plouinec, Plousévet. C'est à la suite d'une seconde tournée de recherches qu'il peut se faire amener à la foire de Quimper quelques étalons, derniers vestiges de cette variété.

Plus tard, lorsque l'on réclamera à nouveau des bidets, c'est en Normandie qu'on ira les acheter.

M. Fleuriot de Langle essayait aussi de réagir contre la confusion des croisements.

Dans son mémoire de 1762, il écrivait :

« Les espèces de chevaux que les États ont distribuées dans la
« Province ont été la principale cause de la répugnance que les
« paysans ont eue jusqu'à présent d'y mener leurs juments.

« C'est un fait dont les commissaires des haras ont une parfaite
« connaissance ; en effet, on a vu dans le commencement de l'é-
« tablissement et on voit encore des chevaux de carrosse d'une si
« grande taille que plusieurs juments qui y ont été conduites sont
« revenues estropiées.

« Mais ce n'est pas le motif qui a dégoûté les paysans ; il y en
« a un autre qui est plus général et par conséquent plus essentiel.

« Ces sortes de chevaux, dont il y en a qui ont jusqu'à 5 pieds
« et 2 pouces, n'étant pas proportionnés aux juments qui, en gé-
« néral, dans les bonnes parties de la province, ne passent pas 4
« pieds et 8 à 9 pouces, ont produit des poulains disproportionnés ;
« les uns avaient un grand corps sur des jambes trop fines pour
« les porter ; d'autres une grande tête au bout d'un col long et
« mince ; d'autres avaient les défauts qui proviennent de la dis-
« proportion ordinaire de l'accouplement ; quelques-uns à la vente
« ont réussi, mais cela est arrivé rarement.

« On a vu le plus souvent qu'un paysan qui conduisait son pou-
« lain dans une foire ne trouvait pas à le vendre parce qu'il était
« mal fait tandis que son voisin vendait à la même foire un pou-
« lain de race bretonne.

« Rien n'est plus propre à jeter le découragement ; d'ailleurs,
« quand même les grands chevaux de race étrangère eussent
« réussi, ils sont d'une si grande taille que le paysan qui n'est

CHARPY. — Le trait léger.   3

« pas communément riche en Bretagne n'est point en état de les
« attendre...

« Les chevaux de selle ont été distribués en trop grand nom-
« bre dans les cantons où le terrain et l'espèce des juments sont
« plus propres à donner des chevaux de tirage. — Les chevaux
« de tirage sont plus utiles à l'État, plus propres à remonter l'ar-
« tillerie, les voitures publiques et celles des particuliers, enfin au
« labourage des terres dans presque tout le royaume.

« Il n'en est pas de même des chevaux de selle : on en trouve
« difficilement la défaite, surtout en temps de paix.

« La noblesse, qui allait autrefois à cheval et aimait à être bien
« montée, voyage actuellement en voiture ou sur des chevaux de
« louage ; les équipages de chasse sont devenus rares ; les officiers
« mêmes de cavalerie et de dragons ne sont pas montés en temps
« de paix.

« Toutes ces raisons nous prouvent que nous devons donner la
« préférence aux chevaux de tirage, la marchandise dont on
« trouve aisément le débit et qui est la plus recherchée et tou-
« jours à laquelle on doit s'attacher. »

Un autre inspecteur, M. du Dresnay, demande au contraire des
carrossiers des plus beaux dans leur espèce et de la plus haute
taille : il les veut noirs et marqués en tête.

Un autre désire que les États fassent tous leurs achats d'étalons dans le Danemark et dans le Holstein. Il admet les anglais,
qu'il trouve bien conformés et bien conditionnés, mais ils sont trop
chers.

D'autres préfèrent les normands.

D'autres enfin veulent des chevaux de toutes races.

« Pour parvenir à avoir de belles espèces en fait de chevaux
« épais, il semble qu'on ne peut avoir de meilleurs étalons que
« de beaux chevaux de Frize, des bons pays d'Allemagne, de Da-
« nemark, de grande taille et bien proportionnés, parce que les
« races venant à dégénérer et les nourritures et prairies de la pro-

« vince n'étant pas si abondantes, ni si grasses, il y a peu de pou-
« lains qui arrivent à la taille de leur père.

« Pour avoir de bons chevaux fins, je ne vois que de beaux che-
« veaux d'Espagne, encore sont-ils bien rares, des chevaux an-
« glais, des allemands, des bons haras, et quelques danois. Car,
« pour les barbes, il en vient si peu en France et ceux qui y vien-
« nent sont si médiocres que l'on ne peut guère espérer d'en avoir
« de très bons, à moins que les États ne fassent la dépense d'en-
« voyer en Barbarie quelqu'un qui fût bon connaisseur et fidèle.
« Mais où trouver ce phénix? »

Et on achetait des anglais et des normands, des espagnols et
des limousins, des barbes et des hollandais, mais surtout des
grands carrossiers du Holstein et des danois.

Et l'on se gardait bien d'acheter des étalons en Bretagne; on
refusait même d'approuver pour la monte les chevaux bretons.
Car il fallait « changer la race ».

Dans de longs rapports, on énumérait tous ses défauts.

« Les observations faites sur les chevaux nés et élevés en Bre-
« tagne ne sont autre chose que la liste nombreuse de leurs
« défauts; en général. les défauts ordinaires sont de n'avoir pas
« de distinction dans la forme, d'avoir la tête grosse, carrée, le
« front creux, autrement camus, la jambe grasse chargée de
« poils, les jarrets étroits et gras et, par conséquent, aptes aux
« courbes, éparvins et vessigons qui affectent cette partie. »

Ces défauts viennent du climat; « l'air est pesant; les brouil-
« lards fréquents, le sol communément aquatique ».

« Ils viennent du peu de soin et d'intelligence des éleveurs, du
« mauvais choix des étalons et des poulinières; des accouple-
« ments mal assortis, de la trop grande jeunesse des étalons; de
« la mauvaise nourriture qui se compose de panais, choux, farine,
« eau chaude et quelquefois même de lait doux.

« Cette mauvaise nourriture augmente les inconvénients de
« l'air et du sol, occasionne des fluxions et des fourbures et aussi
« une gourme d'une malignité et d'une opiniâtreté qui n'arrivent

« point aux chevaux d'autres pays. Ils jettent des années entiè-
« res ; ils deviennent morveux ».

Les défauts viennent encore de la mauvaise éducation.

« Les chevaux sont enfermés dans des écuries sombres afin que,
« n'étant pas dissipés par aucun objet, ils ne fassent que boire,
« manger et dormir. Ces animaux, qui n'ont vu le jour depuis
« longtemps, sont vivement frappés de la lumière ; elle les éblouit
« et leur offense les yeux, ils se tourmentent au point de se for-
« boire ; le froid, quelque médiocre qu'il soit, et la pluie leur cau-
« sent des tremblements fréquents.

« De là les peines qu'ont les marchands qui les achètent à les
« conduire dans leur pays ; ce n'est qu'à force de leur tirer du
« sang ; encore sont-ils contraints de les laisser dans les auberges
« et en perdent beaucoup malgré leurs précautions, ce qui met
« les chevaux bretons à vil prix.

« Les défauts de l'air et du sol ne sont pas susceptibles d'un
« changement total. On ne fera pas naître en Bretagne des che-
« vaux andalous. Mais on peut diminuer considérablement ces
« vices par de meilleurs soins. »

Pour remédier aux défauts originaires, on propose l'achat
d'étalons et de juments étrangères en quantité suffisante. On
ferait réformer les mauvais étalons, on ferait châtrer les mauvais
poulains.

M. Bertin, directeur général des Haras, qui trouve que l'on fait
fausse route, voudrait imposer sa direction. Les États de Bretagne, qui ne veulent à aucun prix dépendre de l'administration
centrale, refusent même ses conseils. Et pourtant M. Bertin est
bien disposé pour la province.

Un Breton, un vrai, un fervent de la Bretagne (tel son arrière-
petit-neveu, M. de Robien, procureur général syndic près les États
de Bretagne, lui a persuadé que le cheval breton non seulement
est bon, mais qu'il pourrait même servir d'améliorateur pour les
autres pays, et M. Bertin a l'intention de faire acheter des étalons
en Bretagne.

M. de Robien s'empresse de communiquer la nouvelle aux inspecteurs ; elle est mal reçue.

Il a des ennemis, M. de Robien, car lorsqu'il propose M. de Mauléon pour acheter des étalons pour la province (M. de Mauléon dont la réputation comme connaisseur est pour ainsi dire universelle a, il est vrai, pour certains le tort d'être Normand, le reproche que fait à celui-ci un inspecteur, c'est d'avoir des connaissances chimériques, mais aussi d'être le protégé de M. de Robien.

On a donc croisé avec toutes les races et surtout avec les races du Nord ; on a cherché par tous les moyens à empêcher le cheval breton de se reproduire ; bien plus on a importé des juments ; et en 1755 ce sont 250 juments qui viennent du Holstein, du Danemark, de l'Angleterre et de la Normandie, et ces juments ne sont saillies que par les étalons étrangers et leur saillie est surveillée particulièrement et l'on s'occupe spécialement de leurs produits.

Et de tout cela que reste-t-il ? Il y a toujours une race bretonne, et bien fin qui démêlerait ce qui survit du holstein et du danois, du hollandais et de l'espagnol.

CHAPITRE VII

C'est le sol qui fait la race.

Il y aurait quelque chose de plus fort que les soins de l'homme, plus fort que le régime alimentaire, plus fort même que l'hérédité ; et celui qui voudrait suivre l'exemple du comte Orloff créant sa race serait à peu près sûr de l'insuccès.

« Et Orloff se mit à créer avec la puissance d'invention qui le « caractérisait. Et ayant pris Smétanka, arabe pur, il le croisa « avec une jument danoise de forte ossature et il en obtint Pol-« kane I, dont les mouvements ne le satisfirent pas encore. Et Orloff « croisa Polkane I avec une jument hollandaise dont la race se « distinguait alors par la course au trot et il en eut Bars I, qui peut « être considéré comme le premier Orloff et le père de la race. »

Et l'histoire de la création de la race irlandaise par l'importation de la jument flamande et le croisement avec l'arabe pur (*France hippique*, J. de Ch.) prouve simplement que l'hérédité n'est rien en regard des autres éléments de formation des races.

« Une loi de la nature veut que les animaux, quel que soit leur « berceau, reviennent par la suite des générations au type du « pays dans lequel ils sont transportés. Il en résulte que l'accli-« matement qui, chez l'individu, s'attaque plus à la santé qu'à la « conformation (sauf dans le cas d'une importation faite en bas « âge) portera, au contraire, pour la race, sur l'ensemble de « l'organisation ; que des modifications plus ou moins sensibles « s'introduiront dans la construction et l'aspect général ; et la « race viendra à se former en raison directe du nombre des géné-« rations succédant aux premiers auteurs importés et elle sera

« susceptible de fixité, quand son type sera adéquat aux condi-
« tions inhérentes à son habitat. »

Autrement dit : « Le sol fait la race », et on le répète à l'envi.
Eh bien ! dites-moi le sol de telle race et la race de tel sol?

Et d'abord qu'est-ce que le sol ?

« En agriculture c'est la couche de terre cultivée. On distingue
« les argileux, les calcaires, les argilo-calcaires, les sablonneux et
« les volcaniques, les terres franches et les terres d'alluvion. »

Si le sol fait la race, quelle est celle de l'argileux, celle du cal-
caire, celle du sablonneux ?

Il suffirait de visiter une contrée de tel sol, de voir les animaux qui y sont produits pour pouvoir décrire exactement ce que
l'on rencontre sur un sol de même nature.

Mais ce serait trop simple et il n'y aurait pas de peine à être
savant. L'influence du sol est plus compliquée.

« Chaque genre de sol produit bien des végétaux spéciaux,
« mais suivant qu'ils sont abondants ou rares, riches ou pauvres,
« ils influent sur l'aspect, la forme et le tempérament des ani-
« maux. Et le sol agit encore par la nature de ses eaux et par sa
« nature physique. Et avec l'influence du sol, il y a celle du cli-
« mat. C'est son action combinée avec celle du sol qui est la cause
« fondamentale de la forme et du naturel des races. » Et les cli-
mats ne dépendent pas toujours de la position géographique, ils
peuvent différer sous une même latitude, être modifiés par l'exposition et l'altitude. « Et il y a encore d'autres causes qui échap-
« pent à l'analyse et qui tiennent aux milieux locaux, qui
« agissent plus favorablement et rendent certaine contrée, sous
« un même climat, sous un même degré de latitude, plus ou
« moins propre à l'élevage du cheval. » (*Cours de science hippique*. École des haras.)

Que nous voilà bien renseignés ! « Le sol fait la race » et nous
ne savons ni ce qu'est le sol, ni ce qu'est la race.

Et voilà la science hippique ! Combien je préfère l'expression
plus vulgaire: « C'est le pays qui donne ça. » Je reste dans le

domaine de l'inconnu, du rêve, de la poésie de la nature. « Le sol
fait la race » : Je voudrais être dans celui de la science.

Est-ce la géologie qui va nous donner la clef du mystère ?

Tout en me défendant d'être scientifique, je mettrai en relief
l'importance de cette science; je déclarerai qu'elle devrait être la
base de celle des haras.

Je citerai les principes énoncés par le professeur Risler, le père
de la géologie agricole, et par son élève et successeur M. Hitier.

« Une même formation géologique donne naissance à des
« terres agricoles de qualités analogues puisqu'elles contiennent
« les mêmes éléments dans des proportions à peu près uniformes.

« Deux pays à constitutions géologiques différentes présentent,
« par ce fait même, aussi bien dans leur aspect extérieur, dans
« leur sol, que dans les systèmes de culture que l'on y voit, des
« différences profondes.

« En France, il y a autant de systèmes de culture qu'il y a
« d'anciennes dénominations, la Brie, la Beauce, le Vexin, le
« paxs de Caux, le Bocage.

« C'est dans la constitution géologique du sol qu'il faut cher-
« cher la raison de ces dénominations spéciales.

« Le bon sens du paysan a devancé la science », ajoutait
« Antoine Passy.

« Par contre, deux pays situés en France ou l'un en France et
« l'autre à l'étranger, si éloignés soient-ils, s'ils ont la même cons-
« titution géologique, présentent avec le même aspect extérieur le
« même groupement des habitations, la même terre et le même
« système de culture. »

Considérons une carte géologique et sur cette carte essayons
de placer les différentes races de chevaux.

De suite nous reconnaissons la vérité des principes que nous
venons de rappeler.

Sur les terrains de même nature géologique nous rencontrons
généralement les races de même espèce et lorsque nous passons

d'un terrain à un autre la race change comme change le terrain. Et cela saute aux yeux.

Voici le Cotentin, berceau du cheval dit de demi-sang, et de suite les taches bleues qui indiquent le jurassique permettent de trouver où est fait le même cheval. C'est dans le Bessin, la plaine de Caen, le Merlerault, la Vendée des environs de Fontenay, les Charentes, les environs de Nevers, le Charolais, et enfin le Bassigny (entre Langres et Neufchâteau), le meilleur pays de l'Est pour l'élevage des chevaux et qui pourrait si bien produire.

Et c'est sur le vert du crétacé, à la limite du jurassique, que nous trouvons, en Angleterre comme en France, les chevaux de gros trait, le suffolk, le percheron, le boulonnais. Et le seul cheval de trait russe, le bitugue, est fait sur la seule partie crétacée de l'empire.

Et l'ardennais, le breton, le finlandais, l'esthonien, qui appartiennent au type que l'on dit partout être celui du trait léger, chevaux agricoles par excellence, sont faits sur les mêmes terrains et primitifs et de transition.

Le clydesdale, cet énorme cheval, utilisé en Angleterre et en Écosse pour les travaux agricoles, « plutôt demandé par l'agri- « culture que par l'industrie », est fait aussi sur ces mêmes terrains.

Nous comprenons aussi pourquoi la race bretonne est si variée dans son unité, et nous ne sommes plus étonnés de ce que, à la simple inspection d'un cheval breton, l'on puisse déterminer le pays d'où il vient sans se tromper même de quelques kilomètres.

Malgré les croisements désordonnés avec toutes les races anglaises, normandes, percheronnes, ardennaises et autres, chaque localité a donné à sa production chevaline un quelque chose qui la distingue de celle du pays voisin.

Il suffit de jeter un coup d'œil sur la carte pour voir combien est tourmentée géologiquement toute la Bretagne, pour constater l'enchevêtrement bizarre des différents terrains et l'on comprend alors pourquoi le cheval de Corlay, qui est fait sur le carbonifère inférieur, diffère de celui de Loudéac, qui est produit sur le cambrien, du cheval du Léon dont les terres schisteuses sont amendées par la tangue, du cheval de Saint-Renan, pays du granite.

C'est sur les terrains primitifs et sur ceux de transition que nous trouvons le trait léger et c'est presque exclusivement sur ces terrains que nous le rencontrons. Ailleurs, c'est le cheval de trait ou le cheval de demi-sang.

Conclusion : le cheval de trait léger pourrait se définir par les seuls terrains sur lesquels il est produit. Ce serait le cheval des terrains primitifs et primaires.

Mais j'entends les objections.

La carte de la Manche est là sous mes yeux et les terrains que j'ai dits être ceux du trait léger y sont largement représentés.

L'Avranchin, le Mortainais et la Hague, que la géologie fait comme un prolongement de la Bretagne, sont, qui sur le cambrien, qui sur le silurien, qui sur le granite.

Le jurassique, que j'assigne comme berceau du demi-sang, n'existe que dans le Cotentin.

Et pourtant c'est le demi-sang qui peuple toute la Manche.

Ma théorie, si théorie il y a, tombe du même coup.

Mais je répondrai que si l'on fait le demi-sang dans l'Avranchin et dans le Mortainais et aussi dans la Hague, c'est, peut-être, parce que ces pays se trouvent dans le département de la Manche ; que si la limite de ce département était modifiée et l'Avranchin et le Mortainais rattachés au dépôt d'étalons d'Hennebont, on y produirait peut-être des postiers ; que si l'on y fait du demi-sang, si l'on a cherché à en faire, c'est que le carrossier était de bonne vente ; que si l'on a réussi dans cet élevage ce n'est qu'à force d'employer des étalons de cette espèce et aucun d'une autre (mentez, mentez, il en restera toujours quelque chose) ; qu'il a fallu de l'insistance et de la persévérance : et que, malgré tout, quels qu'aient été l'amour-propre des habitants de l'Avranchin, leur envie de réussir, les soins qu'ils ont prodigués à leurs élèves, ils sont toujours en retard sur le Cotentin comme production carrossière.

« La Hague, battue des vents de la mer et saturée de l'air
« salé, était autrefois un pays de landes et de bruyères où l'on
« trouvait cette race de petits chevaux, d'une grande énergie et
« d'un excellent tempérament, appelée race hagarde, dont les
« services étaient si estimés tant que le cheval de route n'a pas
« été détrôné par la vapeur. »

Et les chevaux de la Hague sont encore maintenant plus osseux, plus près de terre, et d'apparence plus commune que les produits des régions de Sainte-Marie-du-Mont, Carentan et Valognes.

Et alors qu'autrefois, il y a deux cents ans, l'élevage était déjà si prospère dans le Cotentin ; que les foires de Lessay, Saint-Floxel, étaient si courues par les marchands de toute la France, l'Avranchin ne produisait pour ainsi dire aucun cheval.

Un mémoire de M. Regnouf de Vains sur l'amélioration chevaline dans l'arrondissement d'Avranches (1840) nous apprend que, avant 1789, « il était impossible de se procurer dans l'Avran-
« chin un cheval de selle, de cabriolet ou de carrosse ».

« On ne s'y servait pour les travaux agricoles que de chevaux
« entiers vendus aux cultivateurs par des marchands qui allaient
« acheter de mauvais poulains en Bretagne.

« Ce furent les guerres de la Révolution qui indirectement
« firent naître l'élevage dans l'Avranchin.

« Les juments pleines n'étant pas prises pour l'armée, les cul-
« tivateurs remplacèrent leurs chevaux entiers par des juments
« qu'ils firent saillir.

« C'est seulement à cette époque que la reproduction se mani-
« festa dans le pays. »

C'est que le terrain convenait moins que celui du Cotentin pour l'élevage du carrossier, c'est que le sol n'était pas le sol type du demi-sang.

Autre objection — : la plaine de Tarbes, la plaine de Hongrie, les steppes du Don, la dépression entre la Volga et l'Oural sont de même nature géologique et produisent des espèces qui ont entre elles de grandes analogies, espèces de selle par excellence.

Sur les mêmes terrains quaternaires nous trouvons, dans l'Allemagne du Nord, les trakehnen, chevaux de selle également mais nous y voyons aussi les carrossiers du Oldenbourg, les trait du Schleswig, de la Poméranie et de la Silésie, les demi-sang danois qui font place au trait dans la partie crétacée du Jutland, les chevaux de la Frise, tous les hollandais et enfin les brabançons.

Quelle gamme et quels extrêmes ! et tout cela sur le même terrain !

On objectera encore le cheval de pur sang, identique à lui-même partout où il est reproduit.

CHAPITRE VIII

C'est l'homme qui fait le cheval.

Si les chevaux vivaient à l'état sauvage, s'ils tenaient tout du sol, si les migrations d'un terrain à l'autre n'existaient pas, les caractères de la race qui convient à chaque sol seraient facilement déterminables et la théorie plus ou moins géologique que j'ai esquissée pourrait peut-être se vérifier.

Mais il n'en est pas ainsi et c'est pourquoi je n'ai pas insisté et je crois n'avoir pas exagéré.

J'ai constaté simplement que le trait léger semble être produit pour ainsi dire naturellement sur certain terrain ; que le demi-sang, ce cheval que l'homme laisse souvent faire par le sol sans chercher à le modifier par la nourriture ou par le travail, paraît être aussi le produit naturel de tel autre sol ; que sur tel autre terrain le cheval de trait doit être de production et d'élevage plus facile que partout ailleurs.

Mais j'ai été bien loin de déclarer que les races ne dépendent pas aussi du climat, que les espèces ne sont pas modifiables par les soins de l'homme, par le travail et par les croisements.

Il est bien certain que, dans les contrées chaudes et sèches, le cheval est petit et nerveux.

Dans les pays froids et humides, il atteint son maximum de développement en perdant en partie son énergie et son activité.

Si le sol est maigre et le climat rigoureux, le cheval est assez petit et peu volumineux, mais énergiquement trempé, etc.

Et c'est justement pour ces causes que, à propos du trait léger, je n'ai pu citer aucuns chevaux du Midi. Leur format est trop réduit pour qu'ils puissent être ainsi qualifiés.

(J'aurais dû cependant citer l'auvergnat, produit des terrains primitifs, et qui commence à être apprécié même à l'étranger comme tractionneur de trait léger.)

L'influence du climat n'est pas niable, pas plus que celle du sol. « Les terrains bas, voisins de la mer, couverts d'exhalaisons « aquatiques, sont éminemment propres à faire naître de grosses « races; la nature y travaille vers ce résultat au gré de l'homme « et sans qu'il ait presque rien à faire. Voyez les bestiaux et les « chevaux de la Hollande, du Danemarck, d'une grande partie de « l'Allemagne; partout où avec cette disposition climatérique le « sol est gras et fertile, les animaux y acquièrent dans tous les « sens un développement excessif. »

Est-ce un bien? est-ce un mal? ajoute de Curnieu. « Peu m'im- « porte. C'est une ressource pour l'homme quand il sait s'en ser- « vir. Les suffolk punch, les black horses sont une bien belle « chose quand on en a besoin. »

Voilà déjà une explication de la diversité des races produites sur des sols de même nature. Mais si l'homme n'y mettait pas obsta- cle, s'il laissait faire le sol, il est probable que l'on retrouverait chez toutes ces races des caractères communs qui seraient ceux imprimés par le sol indépendamment du climat.

Il est entendu que le sol et le climat font la race, mais l'éleveur peut avoir intérêt à produire autre chose que la race du sol.

« Or, tout cheval est le résultat de la triple influence du sol où « il est né, du régime qu'il a subi, de la race dont il sort. Lorsque « l'on a étudié séparément l'influence de chacune de ces trois « causes, on peut, par des combinaisons judicieuses, arriver à « produire le type que l'on désire, soit en profitant des circons- « tances données, soit même en dépit de ces circonstances.

« Le sol fait la race, mais par les engrais l'homme peut chan- « ger la nature du sol.

« Le renforcement de l'ossature du brabançon, au cours de

« vingt dernières années, ne peut se trouver que dans l'augmen-
« tation de la quantité de phosphates assimilables mis à la dis-
« position du tissu osseux durant sa formation et son développe-
« ment.

« L'agriculture belge consomme par hectare et par an 18 kilos
« d'acide phosphorique, tandis que la culture française n'en con-
« somme que 6 k. 8. » (Diffloth, *Zootechnie*.)

L'homme peut aussi soustraire plus ou moins le cheval à l'influence du sol.

Lorsque l'élevage se fait en complète liberté et exclusivement à
la prairie, cette influence est entière. Si, au contraire, le cheval est
élevé à l'écurie, s'il n'est sorti que pour le bain d'air, l'exercice,
le travail, l'action du climat subsiste seule, celle du sol devient
nulle.

En combinant ces deux modes d'élevage, qui ont chacun leurs
avantages et leurs inconvénients, on peut modifier plus ou moins
la structure des produits.

L'élevage en liberté est certainement recommandable. Il permet
au poulain de se détendre, de faire jouer ses articulations et aussi
ses poumons ; mais il ne discipline pas ; il ne gymnastique pas.

Dans certains pays, sur certains terrains, il peut même avoir
une facheuse influence sur le tempérament, sur la dimension des
pieds, sur la nature de la corne et aussi sur la structure générale.

« Un poulain forcé de vivre sur les pentes rapides y deviendra
« nécessairement jarreté...

« Un cheval paissant en plaine a constamment la tête plus
« basse que sur une pente, car il se place toujours les pieds de
« devant en haut pour manger.

« C'est quelque chose à la longue d'avoir la tête quelques pou-
« ces plus haut ou plus bas pendant plusieurs heures de la jour-
« née.

« Plus le cheval est à l'herbe et hors de l'écurie, plus longtemps
« il est dans la position où le sang et les humeurs doivent se por-
« ter à la tête. »

Aussi de Curnieu recommandait, pour avoir des têtes légères, de placer, pour les poulains, les mangeoires et les râteliers à une grande hauteur !

Ce système, qui a des inconvénients pour la rigidité des dessus, aurait, paraît-il, des avantages pour la bonne inclinaison des épaules.

D'après M. Froidevaux, ancien Inspecteur général des Haras, chez le cheval élevé exclusivement à la prairie, obligé par conséquent à prendre toujours à terre sa nourriture, l'épaule se placerait naturellement en avant.

L'élevage à l'écurie avec mangeoires et râteliers suffisamment élevés corrigerait ce défaut. Une nourriture herbeuse trop abondante ne ferait, au contraire, que l'accuser.

Chez les poulinières en état de gestation, chez tous les animaux au ventre tombant par suite d'une nourriture trop copieuse ou de mauvaise qualité, le dos se creuse, mais aussi l'épaule se déplace ; elle devient droite et en avant.

Cette disposition serait même une caractéristique des races des pays d'herbage, riches et non accidentés.

L'homme peut encore soustraire le cheval à l'influence du sol sur lequel il est produit en le faisant élever sur un terrain de nature différente. Les éleveurs normands savent à merveille profiter de l'action des différents sols. Dans la plaine de Caen, les poulains deviennent plus osseux ; dans la vallée d'Auge ils prennent plus d'ampleur.

La Beauce est au cheval de trait ce que la plaine de Caen est au carrossier, c'est-à-dire le pays de mise en œuvre et de fabrication. C'est là que le breton peut *se perchiser* et par la nourriture et par le travail.

C'est par le travail que la nourriture intensive devient plus assimilable ; c'est à lui que les poulains de trait et aussi les poulains de pur sang doivent la précocité du développement de leur structure.

C'est le mode de travail qui influe le plus sur la conformation ; c'est lui qui donne au cheval de pur sang la longueur de ses lignes ; c'est lui qui rendrait le bras du trotteur plus horizontal ; c'est lui qui fait l'épaisseur du cheval de trait, qui le rend plus près de terre, qui incline sa croupe.

C'est lui aussi qui donne la qualité et sans le travail il n'y en a pas. « Faire reproduire de générations en générations des étalons « et des poulinières qui n'ont jamais subi le dressage, la prépa- « ration au service, c'est perpétuer la fainéantise dans la descen- « dance et détruire dans l'espèce les facultés locomotives qui « sont le premier et le plus indispensable mérite du cheval. »

L'éleveur peut donc modifier les individus par le travail et la nourriture et de même il modifie peu à peu les espèces et les races.

Si le sol fait la race, l'homme fait le cheval, et le manufacture à son gré.

Le développement du corps, de la charpente du cheval de trait ne vient que des soins de l'homme. Sans la nourriture abondante, sans le travail qui leur permet d'absorber cette nourriture, les chevaux ne prendraient pas cette ampleur, cette taille, cette puissance qui les rend aptes à traîner les plus lourds fardeaux.

Mais ce ne sont plus les chevaux d'un sol ; ce sont les chevaux d'une nourriture, d'un travail, comme les chevaux de pur sang sont ceux d'une qualité, comme les hackneys sont ceux d'un geste.

Et c'est pourquoi de Curnieu avait raison quand il écrivait : « Il n'y a pas de grosses races, il n'y a que de gros chevaux. »

« Le gros trait n'est pas un type, mais un résultat, dit aussi le « directeur du Haras du Pin, c'est un animal créé par la main de « l'homme pour des exigences temporaires, ne présentant de « fixité que dans la localité où il a pu être créé. »

C'est le cheval industriel, le cheval de la grande culture, en terrain horizontal, celui qui doit toujours exercer le même genre d'effort et de la même façon. C'est un animal spécialisé par un certain régime, une certaine nourriture, une certaine gymnastique.

L'éleveur peut encore agir sur les races par les croisements.

Il est commode pour lui de trouver sur son sol une race homogène et bien établie qui doit être celle qui y est produite naturellement. C'est bien la circonstance la plus avantageuse, car il sait à quoi s'en tenir sur la nature des produits qu'il peut obtenir, sur le service auquel ils seront propres, sur les facilités qu'ils présenteront pour la vente.

Savoir ce que l'on fait n'est-ce pas le principal? et de là à mieux faire et à faire ce que l'on veut, il n'y a qu'un pas.

Que dire, au contraire, de cet élevage hétérogène que l'on rencontre si souvent dans l'Est? On veut, sur le même sol, tout faire et tout produire, et l'on s'étonne de l'insuccès!

Un éleveur de l'Est possède trois étalons, dont deux normands et un ardennais, fils de jument percheronne et né dans la Haute-Marne.

Ses poulinières sont deux ou trois juments de pur sang anglais et anglo-arabe, une jument camargue et quelques normandes. Son élevage comprend même des chevaux qu'il destine uniquement à la boucherie.

Quoi d'étonnant qu'avec ce méli-mélo, ce manque de suite dans les idées, ce défaut absolu de sens hippique, la production soit non seulement disparate, mais aussi tout à fait défectueuse ?

Et ce qui contribue encore à la rendre disparate, c'est cette grande quantité de juments réformées des régiments de cavalerie et d'artillerie de la région et dont bon nombre restent dans le pays comme poulinières.

Toutes les races de France y sont représentées, et sur tous les terrains, les crétacés de la Champagne et de l'Argonne, les schistes des Ardennes, toute la gamme des jurassiques, de Chaumont à Nancy, les grès des Vosges et aussi le granite et enfin le muschelkalk, de Bourbonne-les-Bains à Mirecourt.

Et pour saillir ces juments quels étalons trouve-t-on? Exclusivement des normands et des ardennais belges.

Que ces juments rendent service aux éleveurs, je n'en disconviens pas ; elles leur donnent des poulains. Mais comment améliorer un pareil élevage?

Et pourtant l'on pourrait y produire si bien, particulièrement dans cette belle région du Bassigny, dont les produits, quels qu'ils soient, sont reconnaissables à cause de leur ossature bien accusée et aussi à cause de leur apparence de robustesse et de rusticité que leur vaut l'élevage au grand air.

Puisque chaque sol a sa race, puisqu'il y a une race pour chaque sol, il faut, pour bien élever, respecter autant que possible l'indigénat. L'indigénat des mères a surtout, cela se conçoit, de l'importance. « C'est la condition essentielle d'un bon élevage, » disait le duc de Vicence.

Aussi est-ce une utopie et une maladresse que de vouloir substituer une race à une autre ; il faut améliorer la race de son sol, et non la changer.

Est-ce donc que tout croisement doive être interdit? Que veut obtenir l'éleveur? Une qualité ou une conformation? Une conformation de laquelle découle certaine qualité ou bien une qualité qui ne va pas sans une certaine conformation?

S'il choisit dans une race d'un sol différent un étalon dont la conformation tient au sol, et au sol seulement, il ne pourra certainement pas implanter cette conformation sur son sol qui en donne une autre.

Et c'est pourquoi il est faux de croiser la race bretonne avec la normande. Chacune a ses caractères, et ses caractères tiennent au sol.

S'il s'adresse, au contraire, à une race manufacturée chez laquelle l'homme a développé par la gymnastique certaine qualité, il pourra espérer que ses produits posséderont quelque chose de cette qualité, que la conformation qui en résulte et qui tient à l'exercice et non au sol pourra se transmettre surtout si les produits sont soumis à la même gymnastique que le père, si l'on cherche à maintenir en eux la même qualité.

« Les qualités acquises se transmettent (Herbin, *Cours de*

« *science hippique*, 1879) et plus le sang est pur, plus il a de la
« chance d'être transmis sans altération à sa progéniture.»

Le croisement ne peut, évidemment, donner de « bons résultats
« que s'il est harmonique, s'il y a convergence, c'est-à-dire s'il
« est exécuté dans le but de compléter une conformation, de la
« perfectionner dans le sens de son développement, et non d'en
« prendre le contre-pied.

« Estime-t-on qu'il y a lieu de retoucher une conformation, ce
« n'est pas en imposant brutalement une conformation inverse
« que l'on devra réussir. »

Raison de plus pour ne pas croiser bretons et normands, gros
trait et pur sang.

Le croisement qui donnerait le meilleur résultat serait celui de
deux races élevées sur des sols de même nature. La conformation
particulière, conséquence d'une qualité acquise, se transmettrait
plus facilement de l'une à l'autre.

De ce trop long bavardage nous conclurons :

Le sol fait la race; il y a une race d'un sol et c'est pourquoi
l'indigénat doit être respecté.

L'homme fait le cheval; il améliore la race par le travail, par
la nourriture et par les croisements.

Ceux-ci ne peuvent donner de bons résultats que s'ils sont
harmoniques, s'ils ont pour but de donner non pas simplement
une conformation, mais bien une qualité qui modifie la conforma-
mation.

Si la qualité que l'on désire transmettre existe dans une race
depuis de longues générations, si elle a été maintenue dans cette
race par une gymnastique, toujours la même, elle sera transmise
plus fidèlement.

Si les produits sont soumis à cette même gymnastique, la qualité et, par suite, la conformation qui en découle se perpétueront,
s'accentueront, passeront dans le sang.

CHAPITRE IX

Définition du trait léger.

Le trait léger semble être, avons-nous dit, le produit naturel d'un sol, sous un certain climat.

Ce n'est pas un produit manufacturé. Ce n'est pas le cheval d'une nourriture spéciale, d'un régime spécial, d'un élevage particulier.

C'est donc un cheval de taille plutôt réduite et de corpulence moyenne.

C'est un cheval de travail, mais non d'un travail spécialisé. Il a dans sa conformation les caractères du cheval de trait et de fait il tire, mais il s'accommode de tous les terrains, les plats, les montueux, les raboteux, les labourés, les lourds et les légers.

Ce n'est pas le cheval industriel, le cheval de la grande culture. C'est au contraire le cheval du petit propriétaire, du petit cultivateur, de celui qui demande à son cheval tous genres de travaux.

A la charrue, il doit être calme et fort; à la carriole, il doit être léger et vite.

Produit naturel d'un sol, fait en trait, cheval de travail, mais non spécialisé, ni dans son régime, ni dans son travail, par conséquent rustique et bien trempé. Tel est le cheval de trait léger.

Il avait donc bien raison celui que je remercie de m'avoir engagé à participer à ce concours, et la définition qu'il a imaginée est une preuve nouvelle de son sens hippique.

Rien n'y est oublié. Elle est claire, simple; c'est une définition qui définit.

« *Le cheval de trait léger doit être un animal qui est cons-*

« *truit pour traîner du poids, en terrain varié, aux allures* « *vives avec le meilleur coefficient d'utilisation.*

« Le meilleur coefficient d'utilisation, cela sous-entend le maxi - « mum de résistance à l'usure et à la fatigue. le maximum de « tempérament : trois qualités nécessaires au cheval d'artillerie.

« Celui-ci s'accommode d'ailleurs exactement des autres exi- « gences : traîner du poids, et éventuellement en porter, aux allu- « res vives, en terrain varié. »

Et il ajoute : « Ce cheval n'est-il pas, d'autre part, un bon auxi- « liaire de l'élevage ? Sa rusticité, qui sous-entend une alimenta- « tion peu délicate et (si nécessaire) une ration restreinte ; ses « aptitudes à la traction, en terrain varié, avec des allures, lui « permettent une utilisation pratique.

« Le carrossier, pas plus que le cheval de trait pur, ne nous « paraissent, en aucune façon, pour des motifs distincts, répon- « dre aux conditions ci-dessus qui forment un tout inséparable.

« En revanche, il existe dans l'élevage du cheval une catégo- « rie qui semble, par sa formule très souple, s'adapter exactement « aux données du problème posé, résoudre celui-ci très heureuse- « ment : le postier. »

CHAPITRE X

Où il est fait et où il peut être fait.

C'est le produit naturel d'un sol, sous un certain climat. C'est sur les terrains primitifs et primaires du nord de la France, c'est dans la Bretagne et dans les Ardennes, qu'il est fait. C'est sur ces terrains qu'il doit être fait.

Eh quoi! me direz-vous. Prétendez-vous réserver à chaque espèce les terrains que vous dites être les siens?

Je n'y mets aucun entêtement et j'admets très bien que l'on puisse essayer de produire autre chose que la race du sol sur lequel on se trouve.

On peut même avoir intérêt à mal produire. Un mauvais cheval qui revient à peu de chose rapporte souvent plus qu'un excellent cheval dont l'élevage a été plus coûteux.

Et qui sait si, un jour, et dans certaines contrées, on n'aura pas avantage à faire le cheval de boucherie?

Mais si le type qui convient au sol est d'un élevage rémunérateur, on aurait bien tort d'essayer d'y produire autre chose que l'on aurait forcément plus de peine à réussir.

Et le cheval de guerre?

Mais je démontrerai que le cheval d'artillerie et le cheval de trait léger ne font qu'un et le cheval d'artillerie me semble quelque peu cheval de guerre.

Et le cheval de selle? Cet excellent cheval de Corlay, vous voulez la destruction de sa race?

Mais vous ai-je dit que le cheval de trait léger est l'inverse du cheval de selle? Bien au contraire, et je voudrais le crier bien haut, c'est par le trait léger qu'est produit celui que vous considérez, à juste titre, comme le meilleur, le plus sûr, le plus adroit et le plus puissant des chevaux de selle : l'irlandais.

Et lorsque j'ai cité quelques races de différents sols, j'ai fait exprès de l'oublier pour pouvoir y revenir maintenant; l'irlandais est fait sur le terrain primaire et sur le primitif, et la mère du hunter est la jument de trait léger.

Et me voici d'accord avec les zootechniciens : le principe des mesures crâniologiques se justifie. Hibernicus l'irlandais c'est aussi le breton, le cheval du pays de Galles, l'écossais, le suédois, le norwégien, tous de trait léger et ne différant que par leur format; et justement les sols de l'Irlande, du pays de Galles, de l'Écosse, de la Suède et de la Norwège sont de même nature géologique.

Oui, le corlaisien est un trait léger, comme tout breton du reste, et trait léger il doit rester.

Et lorsque la manie carrossière aura fini de fausser tout élevage, lorsque la Bretagne fera le cheval de son sol, c'est elle, et non le Charolais, qui aura raison de s'appeler l'Irlande de la France.

La zone des terrains anciens de la Bretagne comprend aussi le sud du département de la Manche, la partie ouest du département de l'Orne, la Mayenne, la Loire-Inférieure et la Vendée. Elle enclave dans ces deux derniers départements toute une région de terrains quaternaires et tertiaires sur lesquels sont produits ces excellents chevaux de selle qu'achète le dépôt de remonte d'Angers, fils de normands, mais auxquels le sol donne naturellement le cachet des races méridionales tandis que le climat leur conserve l'ampleur des chevaux du Nord.

C'est dans toute cette zone de terrains anciens qu'il faut faire le trait léger. C'est aussi dans les Ardennes où malheureusement les croisements inconsidérés avec le brabançon défont l'excellente race que chacun regrette.

Le comte de Robien, dans ses intéressants articles du *Sport*

Universel Illustré, a suffisamment souligné les inconséquences des éleveurs ardennais.

Que veulent-ils faire? ils proclament bien haut l'ancienneté de leur race; ils publient ses quartiers de noblesse. L'arabe pur est la souche dont ils sont fiers. Pourtant ils renient pratiquement cette paternité. Ce n'est plus l'arabe qui est leur idéal, ce n'est même plus le postier léger et trempé. C'est l'énorme brabançon qu'ils veulent produire; et lorsqu'un de leurs chevaux a conservé le cachet de l'ancienne race, ils le dérobent à tous les regards, ils sont honteux de son élégance.

Peut-on, sur d'autres terrains, faire le trait léger?

Le petit percheron, le petit boulonnais étaient autrefois d'excellents chevaux de poste. Chevaux d'un sol, non spécialisés, ni par le travail, ni par la nourriture, dans une formule trop épaisse, faits en chevaux de trait les percherons étaient peut-être des traits légers.

Si, comme on le prédit, la traction mécanique doit détruire toutes races, et les carrossières et celles de gros trait, le Perche et le Boulonnais pourraient avoir intérêt à revenir à l'ancienne espèce.

Mais le cheval industriel, le cheval de la grande culture conserveront encore longtemps leur valeur; et ce serait une erreur que de renoncer à profiter des bénéfices que peut rapporter leur élevage.

Cependant les éleveurs devraient écouter les conseils que leur donnait le principal acheteur des chevaux de cette espèce, M. Lavalard :

« Les éleveurs travaillent contre leur propre intérêt en produi-
« sant le cheval lourd qui ne peut être utilisé qu'au service du
« pas. Il est préférable, pour faciliter les débouchés, de produire
« un cheval qui peut être employé à tous les services.

« Ils devraient éviter la production du cheval lourd, dont le
« type ressemble au cheval belge.

« Ils devraient sélectionner avec soin leur cheval, s'assurer des
« qualités de leurs étalons.

« Pourquoi ne pas faire pour le cheval de trait ce qui a lieu
« pour le cheval de pur sang, qui n'est livré à la reproduction
« qu'après avoir fait ses preuves sur l'hippodrome. »

J'ai dit que les anciens percherons étaient *peut-être* des chevaux de trait léger.

Je lis dans la « Production chevaline de MM. Dechambre et
Rossignol (1906) » :

« Autrefois les pays de Chartres et de toute la région étaient
« fréquentés par les maîtres de poste d'une grande partie de la
« France... Le breton perchisé y était très recherché pour le ser-
« vice des diligences.

« Grognier confondait le percheron avec le breton, et cette
« confusion s'explique quand on sait que, à l'époque, l'importa-
« tion des chevaux bretons dans l'Eure-et-Loir et l'Eure était
« considérable.

« En 1864, date où Vallon a écrit son livre d'hippologie, le
« percheron commençait à se transformer pour les besoins de la
« grosse culture, du commerce et de l'industrie. Cet auteur décrit
« deux types de percheron, le petit et le gros.

« Le portrait qu'il trace du petit percheron *rappelle plus le*
« *breton que le percheron.* »

Ne pourrait-on pas en conclure que le petit percheron aurait
été simplement le breton, plus ou moins perchisé.

— Dans le pays où le sol fait petit, où le climat, trop rigoureux,
ratatine, sur le trias de la Lorraine par exemple, le gros trait ne
peut pas être produit, le carrossier est impossible.

Les éleveurs cherchent à fabriquer le trait léger. Ils se servent
pour cela d'étalons ardennais et il est certain que, à la première
génération, ils obtiennent des produits dans la formule qu'ils dé-
sirent.

« Il y a pourtant absurdité à rechercher de gros animaux
« pour relever l'espèce d'une localité qui fait petit.

« Mais j'ai dit absurdité physiologique ; absurdité absolue est
« autre chose.

« Par exemple, le chanvre de Touraine, bien connu par sa ma-
« gnifique hauteur, dégénère en Picardie, tandis que tel autre
« chanvre y augmente et prospère. Cependant il est toujours d'u-
« sage en Picardie de se procurer du chènevis de Touraine, et on
« a raison.

« Car le chanvre de Touraine, tout en dégénérant, acquiert à
« la première récolte deux pieds de plus que l'autre qui s'est
« cependant amélioré.

« Il y a donc avantage en opérant de la sorte. S'il s'agissait
« d'acclimater l'espèce, la question serait changée (de Cur-
« nieu). »

Enfin dans les pays où le demi-sang est un produit naturel du
sol, où le cheval pousse comme l'herbe, si l'homme ne fait rien
pour transformer la race, s'il ne cherche pas à lui donner des
qualités de traction, il ne pourra jamais obtenir le trait léger dont
la conformation est celle du cheval de travail.

Et alors il fera bien de se cantonner dans la production du
beau cheval de selle, qui s'accommode de l'élevage en complète
liberté.

Au contraire, s'il soumet ses élèves à une gymnastique ration-
nelle, s'il impose aux étalons des épreuves de traction et de démarrage, il est probable que la race se transformera, que les produits seront plus tassés, plus près de terre. Si ces produits gar-
dent, en outre, leur noblesse et leur étendue, ce seront, peut-être,
les meilleurs et les plus beaux des traits légers ; la race carrossière
se vengera des attaques que nous ne lui avons pas ménagées.

CHAPITRE XI

Des moyens de l'améliorer.

Améliorer ce n'est pas chercher à produire le cheval type, qui est une chimère. C'est conserver à la race son individualité, ses caractères, je dirais presque ses défauts, s'ils ne peuvent être atténués que par la diminution des qualités qui lui sont nécessaires.

Le trait léger doit être près de terre, petit, râblé, puissant, énergique. Vouloir développer, outre mesure, sa masse, sa taille, c'est en faire une masse inerte, un animal de boucherie.

Vouloir lui infuser le sang noble à haute dose, c'est aussi une erreur, car « chaque degré de sang que l'on donne à un cheval « ne le rend pas de plus en plus propre à tel service.

« Le cheval de route doit, comme le cheval de chasse, possé- « der un certain degré de sang suivant la nature du pays et l'em- « ploi auquel on le destine. Si les croisements dont il est le pro- « duit s'approchent trop près du cheval de pur sang, il brillera « sans doute à l'extérieur, mais ne possédera pas toutes les quali- « tés désirables pour le service qu'il doit faire. » (*The Horse.*)

Améliorer, c'est développer autant que possible la qualité, l'élégance, tout en conservant aux produits l'endurance et la rusticité.

C'est par la bonne gymnastique, c'est par la bonne nourriture, c'est par la sélection; c'est aussi par un croisement bien entendu que l'on arrive à ce résultat.

Je ne devrais pas insister, car tout a été dit sur l'amélioration du trait léger. Je devrais renvoyer aux excellents principes énoncés par le comte de Robien dans son « Norfolk-Breton devant l'o- « pinion ».

« Il existe deux moyens d'améliorer une race : le premier con-
« siste à importer un certain nombre de reproducteurs étrangers
« judicieusement choisis ; le second exige la sélection rigoureuse
« de l'élément indigène, en dehors de tout appoint étranger.

« En ce qui concerne la Bretagne, j'estime que, dans l'état
« actuel de son élevage, il est indispensable que ces deux méthodes
« différentes soient mises simultanément à contribution.

« Nul plus que moi ne désire le triomphe prochain de l'indi-
« génat en Bretagne et je crois l'avoir suffisamment souligné ici,
« mais je considère qu'il serait prématuré de proscrire toute
« infusion nouvelle de sang étranger dès maintenant.

« La race Norfolk-Bretonne ne possède pas les assises suffisan-
« tes, son mécanisme d'allures a encore besoin de se retremper
« dans sa source ; ses fondations n'ont pas été poursuivies assez
« profondément, pour soutenir un édifice qui a besoin d'être
« consolidé à nouveau par suite d'erreurs initiales.

« Cette consolidation, cet appoint, c'est le Norfolk anglais pour
« une part, le pur sang pour l'autre, qui pourront plus particu-
« lièrement l'assurer, et j'estime que le rôle du Norfolk ne devra
« pas s'éterniser.

Revivifier le mécanisme par le Norfolk anglais, donner la
qualité par le sang pur, et aussi respecter l'indigénat voilà une
bonne formule.

Rien n'y est contradictoire, car ce qu'on importe par le Norfolk et le sang pur, ce sont des qualités qui modifient, il est vrai,
la conformation, qui la modifient même heureusement, mais ces
qualités tiennent à un exercice, à une gymnastique, et non à un
sol.

Ne pas éterniser le rôle de l'un et de l'autre, car il ne s'agit pas
d'acclimater le Norfolk, pas plus que le pur sang ; il s'agit tout
simplement de faire profiter l'indigène de leurs qualités.

Doser le sang pur, donner une formule immuable de préparation est chose impossible ; car si le trait léger est la race d'un
sol, il n'est pas le même sur toute l'étendue de ce sol.

Plus petit, plus dense, plus nerveux dans certaines régions, il est naturellement plus grand, plus épais, plus lymphatique dans d'autres.

Ici c'est par le sang pur à plus forte dose que l'on pourra combattre « la tendance au suif, de ces animaux à tissu adipeux « exagéré, aux membres engorgés au moindre effort, chez lesquels, « l'atavisme, combiné à l'hygiène et l'alimentation irrationnelles, « conduit à un dépérissement immédiat aussitôt la mise en « service. »

Là au contraire il faudra plutôt s'attacher au modèle.

C'est aussi, ai-je dit, par la sélection et par la bonne gymnastique que nous pouvons améliorer.

Mais il ne suffit pas d'engager les éleveurs à mieux nourrir, à mieux élever, à faire travailler rationnellement leurs produits. Il faut pouvoir récompenser ceux qui agissent ainsi et pour cela il faut des prix, beaucoup de prix, des prix de toute espèce. Il faut aussi que les éleveurs puissent faire valoir les qualités de leurs chevaux ; il faut des épreuves, épreuves de démarrage, épreuves de traction à toutes les allures et dans tous les terrains et non pas des exhibitions, des concours de maintien et de bonne santé.

« Il existe en Bretagne plusieurs races qui présentent de grandes « différences de structure, de développement et de qualités, mais « qui ont néanmoins certaines ressemblances, dans la forme de « la tête, en particulier, qui semblent indiquer une origine com-« mune.

« Pour les petites races, celles des montagnes, la race de « Briec, etc., dont la taille atteint à peine celle de la cavalerie « légère, l'étalon arabe, barbe ou anglo-arabe peut seul conve-« nir ; *l'accroissement de la taille viendra, quand les éleveurs* « *nourriront mieux*. Mais le point le plus important est d'amé-« liorer la grosse race de trait, dont le type est bien établi, qui

« donne lieu à un commerce important, surtout dans le Finistère
« et dans les Côtes-du-Nord. Elle a été si négligée qu'à peine y
« trouve-t-on quelques reproducteurs dignes d'être achetés ou
« subventionnés par les Haras.

« Les étalons anglo-normands sont de race trop peu ancienne
« et sont trop loin de la grosse race bretonne par le sang et les
« formes pour qu'on puisse attendre de leur emploi une amélio-
« ration qui prenne le cachet de la permanence. *L'expérience a
« prouvé qu'ils ne donnent pas en général de bons résultats.*
« Des chevaux des grosses races de l'Irlande ou de l'Angleterre,
« des trotteurs comme ceux ramenés, en 1850, par M. Perrot de
« Tannberg, paraissent devoir bien réussir.

« Enfin si l'on croisait les belles juments de la race du pays
« avec des étalons de pur sang arabe ou anglais, bien membrés
« et fortement établis, les mâles issus de ces accouplements, s'ils
« étaient bien réussis, donneraient de meilleurs résultats, avec la
« race de leurs mères, que les étalons anglo-normands. Ce qu'il y
« a de commun dans l'origine compenserait sans doute les incon-
« vénients de l'emploi comme reproducteurs de métis de premier
« croisement.

« En accouplant entre eux les métis anglo-bretons, on aurait
« sans doute, après quelques générations, les meilleurs repro-
« ducteurs pour améliorer la grosse race. »

Que n'a-t-on suivi ces excellents conseils du général de La
Moricière ?

« C'est que, comme l'écrivait de Curnieu, il n'y a chez nous ni
« science ni études. Il y a de petites passions, de petits intérêts,
« de petits engouements et de grandes prétentions.

« Je défie qu'avec tout cela on fasse un tout qui mène à quel-
« que chose. »

La science hippique, il faut la faire. « Ce n'est pas une science
« de principes, d'axiomes et de théorèmes, c'est une science
« d'expérimentation, une laborieuse collection de faits qui se
« confirment ou se contredisent, et au moyen desquels, à force

« de patience et d'intuition, on parvient à découvrir quelque chose
« qui ressemble à une loi. »

C'est par l'histoire des races que nous la ferons, mais il faut
que cette histoire soit basée sur des documents authentiques, et
non sur des légendes.

Le travail que prépare M. Musset, comme thèse complémen-
taire de doctorat à la Sorbonne, pourra servir de base aux études
régionales qui pourront être entreprises.

En voici le plan.

Première partie. — Le cheval en France.

Livre I. — Avant le xixᵉ siècle (1600-1815).

Chap. I. — Avant Colbert (le dépeuplement vers 1600). Les
premiers projets de rétablissement des haras. Les espèces des
chevaux et leur emploi.

Chap. II. — La Création des Haras. Colbert et la période
d'organisation.

Chap. III. — Les haras du xviiiᵉ siècle (le régime du règlement de 1717. Application de ce règlement. Les essais des systèmes différents, systèmes des communautés, des sociétés de
gardes chevaux, de la réunion des chevaux, etc.).

Chap. IV. — Les chevaux en France aux xviiᵉ et xviiiᵉ siècles
(variétés, utilisations, systèmes et théories d'élevage).

Chap. V. — La Révolution et l'Empire (suppression et rétablissement des haras, les réquisitions et le dépeuplement. Les
races, ce qu'il en reste).

Livre II. — Le xixᵉ siècle. 1815 à nos jours.

Deuxième partie. — Étude de quelques espèces de chevaux.
Le cheval normand. Le cheval percheron. Le cheval breton. Le
cheval limousin.

CHAPITRE XII

L'ardennais artilleur.

« Le cheval ardennais constitue le cheval d'artillerie ample et
« corsé », écrit M. Jacoulet dans son *Hippologie*.

« La variété ardennaise est une précieuse ressource pour la
« Remonte de notre artillerie. » « Pour une mobilisation, géné-
« rale l'armée trouverait dans les Ardennes quelques chevaux
« de selle et un énorme contingent de chevaux de trait pour
« l'artillerie et pour le train. »

Arrivant dans l'Est avec ce bagage d'opinions que j'avais non
seulement lues dans « Jacoulet », mais aussi entendues maintes
fois émises (car qui n'a pas entendu parler de la sobriété et de la
rusticité du petit ardennais, de son endurance pendant la campagne de Russie), je me figurais que le département des Ardennes
devait être, pour la Remonte, un grand centre d'achats.

Je fus très étonné de voir que, tout au contraire, les présentations aux Remontes étaient absolument nulles. Le seul éleveur
fournissant et même présentant à la Remonte était M. Camus,
qui élève au Mont-Dieu des poulains achetés dans la plaine de
Tarbes. Le contingent militaire fourni par les Ardennes était, en
entier, destiné à la cavalerie légère.

A nos questions sur l'ardennais artilleur, on répondait inva-
riablement : que, depuis longtemps, il n'existait plus dans le
pays : qu'à peine on pouvait encore en découvrir un ou deux spé-
cimens dans les bois du côté de Givet : que l'ardennais belge, le
brabançon, avaient remplacé partout ce petit ardennais qu'avaient
dédaigné et le commerce et l'artillerie elle-même.

Et, de fait, dans les concours de poulinières du département des Ardennes nous ne voyions que des animaux de boucherie, bêtes lymphatiques et monstreuses, tout juste utilisables pour le trait le plus lent.

Lorsqu'une jument de taille moins élevée et de corpulence moins massive osait se présenter, le jury l'écartait avec horreur et l'on se chargeait d'enlever au propriétaire toute envie de reproduire un pareil anachronisme.

Le petit ardennais devenait pour moi un mythe. Je me rappelais, cependant, avoir rencontré, en Normandie, un vétérinaire principal de l'armée belge. Il assistait aux achats de la Remonte et il s'étonnait des chevaux achetés pour l'artillerie française. Il se gardait de les critiquer, mais il me disait combien l'artillerie belge était satisfaite des chevaux qu'elle achetait exclusivement dans les Ardennes.

Ces énormes ardennaises que j'avais vues dans les concours de poulinières et qu'à peine nous accepterions pour les plus lourdes batteries de siège, étaient-elles jugées bonnes pour l'artillerie de campagne belge? J'eus la curiosité de m'en rendre compte.

Le journal belge, « l'Agronome, » du samedi 22 septembre 1906, reproduisait les instructions suivantes du ministre de la Guerre au sujet de la Remonte en chevaux de trait indigènes pour l'artillerie et le train.

« Une commission chargée d'acheter des chevaux de trait indi-
« gènes pour l'artillerie se rendra aux foires qui doivent avoir
« lieu à Neufchâteau aux dates indiquées ci-après : 11 et 25
« novembre et 22 décembre 1906, 3e mercredi de janvier, etc.

« Ces chevaux devront remplir les conditions suivantes :

« Ils seront de tous crins, hongres ou juments, de l'âge de 4 ans
« au moins à 9 ans, faits et de toutes robes. Toutefois les blancs,
« les pies ou masqués et ceux à la tête fortement busquée ne
« seront pas admis.

« Les chevaux seront bien conformés, court-jointés, forts et
« proportionnés dans toutes leurs parties, bien établis dans leurs

« aplombs et exempts de toute tare qui puisse nuire au service
« pour lequel ils sont destinés.

« Ils marcheront et trotteront carrément, auront la tête plate,
« le garrot détaché, l'encolure bien sortie, le poitrail large, les
« pieds bien faits, les sabots durs et relevés, les yeux sans défauts,
« l'haleine bonne ; ils seront, en un mot, entièrement propres à
« leur destination.

« Mesurés du garrot au pied de devant, ils devront avoir la
« taille de 1 m. 48 à 1 m. 55 au maximum.

« Toutefois les sujets mesurant 1 m. 46 pourront être acceptés
« si le défaut de taille est compensé par des qualités exception-
« nelles.

« La commission arrivera à Neufchâteau l'avant-veille des
« jours de foire. Les chevaux achetés seront payés au comptant et
« sans aucuns frais pour les vendeurs. »

Je me rendis à Neufchâteau pour la séance de la Remonte du
24 novembre. Neufchâteau est situé dans le Luxembourg belge,
à 2 kilomètres au sud de la station de Longlier, sur la ligne de
Luxembourg à Namur.

Arrivé de bonne heure à Longlier, je pensais rencontrer sur la
route de Neufchâteau une longue théorie de paysans amenant à
la Remonte les animaux de leur élevage. Personne sur les routes
et dans Neufchâteau même, aucune animation.

Cependant, au champ de foire, on fait trotter un cheval. Il a
la tête camuse, il est trapu, près de terre, sa croupe abattue est
peut-être un peu plus ronde que la croupe bretonne ; ses membres sont forts ; ses sabots, un peu hauts, ont une corne excellente.
Ses allures sont d'une justesse irréprochable. Il est de petite taille,
mais extrêmement ouvert et puissant. Le voilà le petit ardennais !

Je m'adresse au propriétaire. C'est un marchand de chevaux ;
il me mène à son écurie où sont alignés une vingtaine d'animaux
absolument pareils comme taille, conformation et aussi comme
toilette : les queues écourtées et artistement tressées font valoir
les culottes. Il est impossible de trouver plus d'homogénéité.

D'où viennent ces chevaux? Le marchand veut bien me renseigner. Il avoue que beaucoup viennent de France, les uns des Ardennes, les autres de la Meuse. (Pourquoi ces animaux ne sont-ils jamais présentés à la Remonte française? Je l'étudierai.)

Dans l'écurie est un breton dont le modèle et l'ampleur ne jurent aucunement avec le reste du lot.

Voici l'heure des achats. Le comité opère sur la place. Cinq officiers en civil examinent un cheval.

Ce sont le colonel du 2e régiment d'artillerie (Malines), un major du 3e régiment d'artillerie (Bruxelles), un commandant du 1er d'artillerie (Anvers), un lieutenant du 4e régiment d'artillerie (Louvain), le vétérinaire principal du 2e régiment d'artillerie.

Cette commission, composée toujours des mêmes membres, opère pour tous les achats de chevaux de trait. (Les chevaux de selle, comme les chevaux de cavalerie, sont vendus par les marchands à des commissions qui opèrent par régiment.)

La commission est aidée dans ses opérations par deux maréchaux et un toiseur civils. Chaque officier fait le tour du cheval, le vétérinaire examine la dentition pour la détermination de l'âge, il surveille le toiseur.

Les pieds sont levés, ceux de devant pour l'examen des aplombs, ceux de derrière comme épreuve du caractère de l'animal.

Le cheval est ensuite mis en marche, d'abord au pas, puis au trot.

La commission admet l'usage de la chambrière; elle tolère d'ailleurs aussi le gingembre.

Moins exigeants que nous pour la rigidité des dessus et pour la régularité de la coupe des jarrets, les officiers belges se montrent très sévères pour les aplombs et tout cheval quelque peu panard ou cagneux est immédiatement éliminé.

Ils tiennent également un grand compte de l'état du cheval et de la facilité probable de son entretien.

Lorsqu'un cheval est accepté, le marchand le remet à un artilleur qui le tient un peu à l'écart et la commission passe à l'examen d'un autre cheval. Chaque marchand peut présenter de suite cinq chevaux, après quoi c'est le tour d'un autre, suivant un ordre déterminé par le sort.

C'est seulement lorsque la série des cinq chevaux d'un marchand a été examinée que la commission va débattre avec lui le prix de ceux qui sont acceptés.

Le prix moyen est d'environ 975 fr.

Peu d'éleveurs se risquent à présenter eux-mêmes leurs animaux; les marchands ont, pour ainsi dire, le monopole.

Ce sont MM. Mathieu, le gros étalonnier de Bastogne, Ollivier, Nicolas, Deshommes, et enfin M. Mernier, à qui beaucoup de marchands français envoient les chevaux qu'ils destinent à la Remonte belge.

Tous les chevaux présentés sont bien du type que nous avons défini plus haut. Plus petits que nos artilleurs, puisque leur taille est comprise entre 1 m.48 et 1 m.55, ils sont aussi plus communs et ils trahissent bien, dans leurs allures, leur origine de trait.

Voici les quelques renseignements que nous avons pu recueillir :

Très rustiques, ces chevaux, au dire des artilleurs belges, sont capables de fournir de très longues routes. La longueur moyenne de l'étape de l'artillerie est de 40 kilomètres. Elle est faite à l'allure de 1 kilomètre au pas, 3 kilomètres au trot. Le trot est un trot ralenti, dit trot de cochon, environ 200 mètres à la minute (ce sont les mêmes vitesses et les mêmes allures que prescrit le règlement de manœuvres de l'artillerie française).

Les officiers des batteries montées prétendent que ces chevaux tiennent les irlandais des batteries à cheval. Ils considèrent que ces ardennais de petite taille sont bien plus énergiques que les grands qu'achètent les Allemands; qu'ils sont, d'ailleurs, d'un entretien bien plus facile et bien moins coûteux.

Ils ne ménagent cependant pas la nourriture, et la ration qu'ils distribuent est bien supérieure à celle de nos grands chevaux français.

Cette ration varie suivant les travaux probables de chaque

régiment. A Malines, elle est de 5 kg. 1 2 d'avoine, à Bruxelles de 6 kilos ; elle est de 7 kilos à Anvers. Dans cette dernière garnison, les chevaux attelés le matin à la batterie assurent très souvent dans l'après-midi les travaux du port. Leur ration élevée les maintient dans une condition excellente et ils ne souffrent pas de ce surcroît de travail.

De tout cela que conclure ?

Que le petit ardennais existe encore en Belgique et en France, peut-être pas tel qu'il était autrefois et tel que les Russes prétendent l'avoir conservé, mais d'un type à peu près analogue avec les qualités que tous lui ont toujours reconnues.

(Exposition de 1900 : Catalogue des chevaux de Russie. Race des chevaux montagnards des Ardennes.)

« Cette race semble avoir disparu dans sa patrie même, et au-
« jourd'hui elle est remplacée par une race plus à la mode, celle
« du brabançon. Le cheval montagnard des Ardennes s'est con-
« servé en Russie en toute petite quantité grâce aux soins que lui
« prodiguait seul le grand-duc Nicolas Nicolaiévitch, feld maréchal
« de l'empire, grand connaisseur et amateur de chevaux.

« Le grand-duc portait un intérêt spécial à ce cheval pour ses
« qualités comme cheval de travail.

« La race de ces chevaux a été obtenue au temps le plus éloi-
« gné par l'influence du cheval de sang arabe. Les chevaux mon-
« tagnards des Ardennes sont énergiques et malgré leur grosseur
« en comparaison de leur taille, ils sont dégagés dans leurs mou-
« vements et possèdent un pas si léger que leurs pieds ne s'enfon-
« cent point dans le sol ameubli ou sablonneux, et c'est pourquoi
« ils sont très utiles au travail de la terre. »

CHAPITRE XIII

Cavaliers et bombardiers.

Pourquoi cet excellent cheval n'est-il pas présenté à la Remonte?

La réponse est simple. Si ce cheval n'est pas présenté, c'est que, à partir d'une certaine époque, il a été refusé comme ne convenant plus au service de l'artillerie.

On lui a reproché son manque de taille, on lui a reproché surtout son origine de trait.

Ce fut bien voulu, en effet, cet abandon du trait léger comme cheval d'attelage pour l'artillerie et son remplacement par le cheval de demi-sang. « Le succès de l'artillerie prussienne en « 1870, écrivait, en 1874, M. de Sourdeval, conseiller général « de la Vendée, a fait penser que nous devions changer les che- « vaux de notre artillerie et renoncer aux chevaux de trait léger « pour le cheval de demi-sang. Une si grave résolution mérite « d'être étudiée avant d'être mise en pratique. L'idée dominante « dans le projet de changement est celle-ci : le cheval de demi- « sang est plus rapide et manœuvre plus vivement que le cheval « de trait. »

Je m'arrêterai un instant sur la constatation de cet abandon du trait, de cet engouement pour le demi-sang.

Notre cheval d'artillerie, notre traîneur de matériel s'appelait autrefois « trait » (de devant ou de derrière suivant sa place dans l'attelage).

Cette dénomination ne fut plus jugée convenable; elle évoquait l'idée d'un cheval trop commun, trop peu actif; on lui substitua la dénomination de trait léger de devant, trait léger de derrière.

Nos attelages en parurent certainement plus vifs et plus ingambes. Mais cette qualification de « légers » ne contenta pas ceux qui avaient juré la disparition du trait.

Aidés probablement par ceux dont l'ambition était le placement du carrossier, ils firent supprimer définitivement le mot offusquant « de trait » et notre cheval fut décoré du titre pompeux d' « attelage ».

Les snobs furent contents, et quiconque (j'en ai fait l'expérience) osait employer l'ancienne appellation était vivement rappelé à l'ordre, car il est bien entendu que « la Remonte n'achète « pas de chevaux de trait ».

C'est devenu un principe, une vérité que l'on ne discute plus, un axiome, tant et si bien que la moindre trace de trait dans l'origine d'un cheval était considérée (dans l'Est) comme une cause de refus de cet animal pour tout service militaire.

Cet abandon du trait léger a-t-il été bien raisonné?

Plusieurs ont essayé d'enrayer le mouvement. M. de Sourdeval écrivait : « J'espère qu'après des expériences attentivement « suivies, on s'en tiendra au cheval de trait léger, celui qui, « dans l'effort, conserve son axe horizontal, sans le laisser fléchir « ni de l'avant, ni de l'arrière; car c'est lui qui peut rendre le « plus de services dans les terrains difficiles. Or le terrain du « champ de bataille n'a jamais été préparé pour la manœuvre.

« Ce cheval est, en même temps, plus rustique, plus facile à « nourrir, plus apte à supporter les privations que le cheval rap- « proché du sang. Il a été jusqu'ici et il est encore le cheval de « notre artillerie...

« Rejeter le cheval de trait léger, c'est se priver d'une ressource « aussi précieuse qu'assurée et s'exposer à une cruelle pénurie. « Ce cheval traîne les canons mieux que le cheval de carrosse; il « affronte impunément les grands efforts à travers les terres « détrempées, les rochers, les montagnes; il est plus apte à mener

« à bonne fin une rude campagne, à travers les fatigues et les
« privations, que le cheval de sang.

« Ce dernier, sans doute, est plus brillant au début d'une
« campagne, ou sur un champ de manœuvres préparé, mais il ne
« peut également soutenir la longue épreuve des misères et des
« efforts excessifs. »

Le mouvement n'a fait que s'accentuer ; c'est donc que l'on a
reconnu la supériorité du cheval de demi-sang ; c'est que l'expérience a prouvé qu'il fallait renoncer au trait léger.

Je crois que cet abandon du trait léger tient à une tout autre
cause. Je vais paraître paradoxal, mais, pour moi, il tient au développement du goût de l'équitation dans l'arme de l'artillerie.

Loin de moi la pensée de critiquer les écuyers qu'elle a produits, les remarquables cavaliers qui lui font, certes, grand
honneur. Pourquoi les artilleurs ne goûteraient-ils pas aussi bien
que leurs camarades de la cavalerie les joies de l'équitation, l'ivresse
de la course, les triomphes des records ; pourquoi ne pourraient-
ils pas prétendre au suprême honneur de la première page du
Sport Universel Illustré ?

Il est même très naturel qu'ils soient encouragés dans cette
voie et qu'un avancement rapide soit la récompense de leur
science et de leurs succès.

Très nombreux sont maintenant les équitants ; quelques-uns
sont devenus cavaliers (il faut s'en féliciter), mais trop cavaliers
peut-être ; ils ne sont pas toujours restés assez artilleurs.

« Gardez-vous, écrivait Silvio Pellico, dans *Mes Prisons*,
« gardez-vous de vouer à une science favorite un culte trop exclu-
« sif qui vous fera négliger les autres sciences auxquelles vous
« n'aurez pas su vous appliquer. »

— Les artilleurs se divisent en deux catégories : les cavaliers, à
qui rien du cheval de selle n'est étranger, les bombardiers, qui
travaillent avec passion les questions de matériel et de tir.

Ceux-ci s'occupent moins du cheval ; ceux-là considèrent l'attelage comme un emploi inférieur pour la plus noble conquête de

l'homme : les bombardiers négligent le métier de charretier, les cavaliers le dédaignent.

Et pourtant « le métier de charretier n'est pas la partie la « moins intéressante du métier d'artilleur » (*Revue des sciences militaires*, 1886).

Veut-on la preuve de ce que j'avance ?

Alors que le matériel s'est transformé d'une façon si merveilleuse, rien n'a été fait pour améliorer le harnachement de l'artillerie, le mode d'attelage de ses chevaux ?

Le problème à résoudre est certes difficile ; mais justement parce qu'il est difficile il aurait dû tenter plus d'un cerveau. Il n'est pas douteux qu'une solution plus avantageuse ou au moins que d'heureuses modifications seraient résultées des travaux que l'on aurait pu entreprendre.

Quel est-ce problème ?

« Il s'agit de réduire au minimum la fatigue de chaque cheval « et ne lui laisser, par conséquent, d'autre effort à exercer que « la traction nécessitée par le poids à transporter.

« Les traits devraient faire avec l'horizon l'angle le plus favo-« rable au moteur ; chaque cheval devrait être entièrement libre « dans ses mouvements et n'avoir à supporter aucune partie de « l'effort des chevaux qui le précèdent.

« Il faudrait, en outre, que l'on puisse atteler et dételer avec « une grande promptitude, de nuit comme de jour, par tous les « temps, dans toutes les saisons, et même dans le cas où le dan-« ger ne laisse pas aux conducteurs tout leur sang-froid ; il fau-« drait que la chute d'un cheval n'occasionnât jamais celle d'un « autre et qu'un cheval tué pût être remplacé avec facilité, quelle « que fût sa place dans l'attelage ; il faudrait même qu'il n'y « eût pas nécessité d'opérer ce remplacement et qu'il fût possible « de continuer la marche immédiatement après avoir tranché ou « coupé les traits ; il faudrait, enfin, que les conducteurs montés « sur les chevaux ne fussent nullement gênés, soit par la voiture, « soit par les accessoires. »

Voilà le problème tel qu'il était posé, en 1840, dans la théorie des affûts et voitures de l'artillerie de Migout et Bergery. Tel il était, en 1840, tel il existe encore maintenant.

Comme les auteurs de la théorie des affûts et voitures nous pourrions ajouter : « Il faut le répéter, le mode d'attelage des « batteries est loin de remplir toutes les conditions. »

Aucun progrès n'a été fait parce que, si l'artillerie possède des cavaliers, si elle possède des bombardiers, elle manque de charretiers.

CHAPITRE XIV

Des enquêtes.

Aussi demandez à un artilleur ce qu'il pense de ses chevaux ?
Il vous parle immédiatement de la remonte des officiers « très
« médiocre » ; des chevaux de selle « rebuts de la cavalerie, jugés
« trop mauvais pour les dragons ».

Il insiste pour que la Remonte envoie les 15 véritables dragons
ou cuirassiers qu'elle doit annuellement à chaque régiment.

Il ajoute volontiers « que le cheval de dragons peut et doit
« faire un bon artilleur ; que le bon-selle est à fortiori bon-trait
« sans que la réciproque soit vraie ; que les chevaux de selle de
« l'artillerie font même de mauvais sous-verges ».

Cette phrase, que je prends dans l'enquête du comte de
Comminges, enquête parue dans *l'Acclimatation*, est pour moi
typique ; elle indique parfaitement le classement que font actuellement de leurs chevaux presque tous les artilleurs.

Les catégories « tête ou cheval d'officier », « selle » montures
des cadres et des servants à cheval, « attelage » correspondent à
trois qualités ; la première catégorie est la supérieure, la dernière
serait volontiers constituée par le rebut.

Lorsque, parmi les attelages que la Remonte envoie aux régiment, se trouve un bon cheval, puissant, énergique, avec des
allures faciles, on se demande comment cet animal a pu être
classé dans cette catégorie inférieure.

C'est mieux qu'un « attelage », dit-on, c'est un « selle ».

Appréciations de cavalier, tout cela, et non de charretiers. Que nous voilà loin des opinions émises en 1886, dans le *Journal des Sciences militaires*, sous la signature L. de N. !

« Quant aux chevaux de selle, nous n'en voulons pas et nous
« ne sommes pas les seuls ; nous pourrions citer tel commandant
« de batterie à cheval qui classe comme porteurs ses meilleurs
« chevaux parce que, dit-il, les chevaux de selle peuvent toujours
« suivre ; ce qui est parfaitement exact.

« A peine demanderions-nous quelques chevaux de tête présen-
« tables pour les officiers supérieurs et les capitaines. »

Que nous voilà loin aussi de l'opinion du commandant de Job !
(*Revue d'artillerie*, 1882.)

« Il faut éviter avec le plus grand soin les chevaux médiocres,
« bien plus nuisibles au trait qu'à la selle où, s'ils ne peuvent pas
« suivre, ils ne fatiguent du moins pas les autres par leur insuf-
« fisance. »

De fait, la remonte des officiers pourrait être meilleure. Les chevaux de selle pourraient être mieux faits et avoir plus de sang, mais le métier de l'artilleur-selle est loin d'exiger les qualités que doit posséder le cheval de cavalerie.

Il marche à petite allure à côté des voitures, et si, par occasion, il doit faire partie d'une reconnaissance, c'est toujours à courte distance et pour un temps très limité.

« La monture est l'accessoire, écrit le commandant Machard,
« l'attelage est le nécessaire. »

Si l'on insiste auprès des artilleurs pour avoir leur opinion sur leurs chevaux d'attelage, ils vous déclarent « qu'ils sont très « bons dans l'ensemble, quoique très laids ».

Il y en a pourtant de tous les modèles, de toutes les tailles, de tous les sangs, de toutes les provenances. C'est donc que le cheval d'attelage n'a pas besoin de qualités spéciales.

Il est probable pourtant que tel modèle doit mieux convenir, que telle taille ne doit pas être dépassée, que le défaut de poids et le manque de sang peuvent être préjudiciables.

Sur toutes ces questions, j'avais mon opinion faite, car j'avais vu, j'avais observé, j'avais étudié, mais je pouvais me tromper.

Je voulus savoir. Prenant peut-être trop au sérieux ma situation du moment, j'organisai une vaste enquête sur les chevaux d'attelage de tous les régiments d'artillerie.

Voici en quoi consistait cette enquête :

Je m'adressais aux capitaines instructeurs et je les priais d'aller trouver l'un après l'autre chaque capitaine commandant et de leur demander de bien vouloir désigner les quatre chevaux de leur batterie reconnus les meilleurs pour le service de l'attelage.

Les capitaines instructeurs devaient m'envoyer les signalements complets de ces animaux (sexe, âge, taille, origine, provenance, etc...) A cette énumération, ils joignaient leurs réflexions personnelles.

Je comptais, avec les listes de ces signalements, établir une sorte de statistique de laquelle découleraient pour ainsi dire mathématiquement le modèle, la taille, le degré de sang de l'attelage-type.

Je reçus ainsi les signalements d'un millier de chevaux, et je voyais déjà sortir la solution du problème que je m'étais posé, d'autant mieux que les réflexions suggérées aux capitaines instructeurs par cette enquête étaient toutes concordantes.

Je fus tout à fait désappointé lorsque je passai aux calculs. Avec les chiffres je serais arrivé à prouver l'inverse des propositions émises à l'unanimité par les instructeurs.

D'ailleurs les renseignements manquaient sur les origines de tous les vieux chevaux, sur celles de presque tous les animaux venant de Guingamp ou de Paris.

Il y avait de tout, des grands, des petits, des issus de trait, des fils de pur sang et même des chevaux de pur sang; il y avait des chevaux et juments de 5 ou 6 ans, qui plaisaient sans doute aux capitaines, mais dont ils n'avaient certainement pas eu le temps d'apprécier les services.

Je m'étais adressé à des charretiers; c'étaient des cavaliers qui m'avaient répondu.

Ma statistique ne prouvait donc rien. Il en ressort, cependant, ainsi que me le faisait remarquer un « instructeur », que le cheval d'attelage doit être plutôt petit ; que le petit cheval est plus de durée que le grand, que les vieux chevaux sont en général de petite taille, etc.

Les lettres des capitaines instructeurs sont intéressantes. Dans toutes ces lettres et aussi dans celles qui proviennent des consultations du comte de Comminges (*Acclimatation*), du comte de Robien (*Sport Universel Illustré*), nous retrouvons la même opinion presque sous la même forme.

« Le cheval idéal d'artillerie est celui qui, sans avoir beaucoup « de taille, a de la masse, de l'os, un dessus bien suivi. Il est inu- « tile que les chevaux d'artillerie aient de la taille, le contraire « est préférable. L'artillerie montée ne doit pas marcher vite. « Pour arriver vite, elle doit seulement soutenir plus longtemps « son allure modérée ; d'où supériorité dans la pratique du bre- « ton... Il serait parfait avec un peu plus de sang. Par sa con- « formation, sa masse, sa taille, le cheval breton est un de ceux « qui se rapprochent le plus du modèle imposé par le matériel ; « il est petit, râblé, près de terre, avec du membre et du poids.

« A ces qualités, il joint une rusticité et une douceur de carac- « tère qui facilitent son dressage et son entretien.

« ... C'est un honnête cheval rustique, d'un entretien facile et « excellent, à condition de ne pas le sortir de son train. »

... « Malgré leur aspect commun, les Léonards (nord Finistère) « sont très appréciés dans les batteries ; d'abord à cause de leur « taille moyenne qui, combinée à une importance suffisante, en « fait d'excellents attelages de derrière.

« Les lieutenants, toutefois, leur reprochent leur manque de « sang qui les empêche de les utiliser pour l'instruction des re- « crues à cause de leur peu d'aptitude au galop. Les chevaux de « Rosporden (sud Finistère), au contraire, ont plus de sang et de « lame, sont plus distingués tout en étant aussi rustiques. Beau- « coup d'officiers les préfèrent à leurs camarades du Léon.

« En résumé, le régiment est très satisfait des chevaux que lui
« envoie Guingamp, qui de plus sont très rustiques et s'entretien-
« nent facilement.

« Nous reprochons aux normands, évidemment plus séduisants
« à l'œil, de n'être réellement prêts à faire du service qu'à 7 ans ;
« ce qui leur permet souvent de se ruiner dans leurs membres
« pendant la sixième année. Ils sont moins rustiques que les bre-
« tons.

« Pour avoir une masse suffisante, ils doivent être grands
« (1 m. 60 au moins) : d'où moins aptes à être employés comme
« attelages de derrière et bien plus difficiles à tenir en état par
« suite de l'insuffisance de la ration. »

Cette enquête ne m'a pas suffi ; j'ai voulu me rendre compte
par moi-même et j'ai profité des nombreux voyages que j'avais à
faire dans la région de l'Est pour examiner les chevaux des régiments d'artillerie.

Je me présentais dans les batteries et, à brûle-pourpoint, je
demandais à l'officier présent de vouloir bien me désigner les
chevaux qu'il considérait comme les meilleurs pour le service de
l'attelage, non pas ceux dont le modèle lui plaisait le plus, mais
les bons serviteurs, ceux qu'aucun travail d'attelage ne rebute
aussi bons à la batterie attelée, en terrain varié, qu'aux corvées
de fourrage et sur les routes.

Je voyais des chevaux de toute provenance, de Saint-Lô et de
Caen à Châlons, Nancy, Toul et Verdun ; de Mâcon à Besançon ;
de Guingamp à Saint-Mihiel.

Ces derniers étaient jugés (par le colonel du régiment) très bons
et réunissant toutes les conditions de taille, de masse et de puissance nécessaires aux attelages de derrière.

Ceux de Mâcon et ceux de Normandie, qui étaient considérés
comme les meilleurs, se rapprochaient aussi beaucoup du type
idéal que je m'étais figuré et qu'avaient confirmé les lettres des
instructeurs.

Souvent peu distingués, avec des encolures souvent courtes et épaisses, ils sont petits, trapus, près de terre, bien ouverts et très puissants dans leur croupe, qui est oblique. Leurs jarrets sont plutôt coudés; leurs articulations sont fortes.

Quant au degré de sang, il est très variable; cependant les meilleurs paraissent en avoir une bonne dose qui s'accuse bien, d'ailleurs, dans leur physionomie énergique, dans leur structure osseuse et dans la netteté de leurs tendons.

Leur modèle et leur conformation se rapprochent beaucoup du modèle et de la conformation des petits ardennais que nous avons vu acheter par la Remonte belge.

Comme l'écrit le comte de Robien, il était intéressant « de « rapprocher de ces données pratiques certaines opinions recueil-« lies dans les journaux spéciaux sous la plume d'officiers d'ar-« tillerie ».

Faut-il rappeler, après lui, ce qu'écrivait, en 1888, le capitaine Audebrand.

« On s'accorde à fixer la taille du cheval d'artillerie à 1 m. 54 « en France et en Angleterre. Le nombre des chevaux dépassant « cette taille est considérable. On a copié les Allemands qui attel-« lent ce qu'ils ont; il est supposable que, s'ils avaient nos races « petites, énergiques, roulées, ils laisseraient leurs grands che-« vaux de côté.

« Notre matériel s'est alourdi. On a cru remédier à ce défaut « de mobilité par l'intervention du cheval géant.

« Pour nous, le cheval d'artillerie doit avoir de l'espèce et de « l'ensemble, être bien soudé, avoir l'épaule légèrement oblique, « le rein très large et solidement attaché, le dos court avec un « garrot bien sorti et bien rejeté en arrière, la cuisse descendue « et bien gigotée, le jarret large, les membres nets et musclés.

« Son ensemble doit indiquer la force. Sa taille ne doit guère « dépasser 1 m. 54.

« Nous demandons un certain degré de sang, car il doit tra-« vailler à des allures vives avec une surcharge considérable. »

— Ainsi que le fait remarquer le capitaine Audebrand, les Alle-

mands semblaient, autrefois, partisans des grands chevaux : ils
ont bien encore quelques batteries, comme celles que nous signale
le comte de Comminges, attelées de gros ardennais, mais ils ont
reconnu la supériorité du petit cheval et leur règlement du 5 mai
1894 a modifié sensiblement les tailles pour toutes les armes.

L'État ci-dessous fait ressortir l'énorme différence entre les tailles minima de l'ancien règlement de 1876 et celles du règlement
actuellement en vigueur.

Minimum de taille pour chaque catégorie d'artilleurs.

	Règlement de 1876.	Règlement de 1894.
Chevaux de limon........	1^m65	1^m52
Chevaux de devant.......	1^m60	1^m52
Chevaux de selle........	1^m54	1^m48

— Faut-il rappeler aussi ce qu'écrivait, en 1886, le capitaine
Litre, dans son article de la *Revue d'artillerie* « Du poids tiré
« ou porté par les chevaux d'artillerie ».

« D'une taille plutôt petite, les chevaux de derrière doivent être
« néanmoins suffisamment forts ; pleins d'énergie, ils ne doivent
« pas laisser d'être patients : devant être soumis à des actions
« contraires, il faut qu'ils soient ramassés de manière à résister
« dans un sens comme dans l'autre dans toute leur masse.

« Cet ensemble de conditions répond parfaitement au vieux
« modèle du cheval d'artillerie que tout le monde a vu dans nos
« batteries.

« Ce serait une erreur si, s'inspirant d'une mode nouvelle, les
« remontes venaient à nous envoyer des chevaux trop grands ou
« trop gros qu'il serait difficile de faire monter ou d'appareiller
« convenablement. »

Le commandant Machard donne aussi le postier comme type
idéal de l'artilleur et il signale « la supériorité du petit cheval qui
« dépense moins pour son entretien et son propre transport, qui
« conserve plus d'énergie disponible pour le travail utile et qui
« par suite a plus de fond, plus d'ardeur et plus de vitesse.

« Le cheval de trait léger se recommande à l'attention des artil-
« leurs. »

Faut-il citer aussi le colonel Marais ?

« Le cheval d'artillerie actuel, mis à part peut-être, dans une
« certaine mesure, les régiments de l'Ouest remontés avec l'excel-
« lent breton et ceux de l'Est remontés par le dépôt de Mâcon, est
« du type dragon.

« En général, d'assez bonnes lignes de dessus, il a des membres
« trop souvent défectueux, grêles par rapport à sa corpulence et,
« suivant une expression admise et imagée, il a trop d'air sous
« le ventre.

« Tout autre était l'ancien cheval d'artillerie, moins beau peut-
« être pour une parade, payant moins de mine, mais plus propre
« à entraîner une voiture dans tous les terrains, à résister aux fati-
« gues et aux privations. Il faut le reconnaître, notre cheval
« actuel, avec moins de gros et plus de sang, ne se maintient en
« bon état qu'au prix de soins et de ménagements peu compa-
« tibles avec les exigences de la guerre. »

L. de N. (*Journal des Sciences militaires*, 1886) exprimait
d'une façon encore plus catégorique (presque paradoxale) son
opinion sur ce que, pour lui, devait être l'artilleur.

« Nous voudrions, écrivait-il, que les officiers acheteurs cessas-
« sent de croire que tout cheval mauvais pour la cavalerie est bon
« pour l'artillerie ; c'est une idée absolument fausse que seule l'in-
« différence des artilleurs a laissée s'implanter.

« Autant et plus que le cheval de cavalerie, le cheval d'artille-
« rie a besoin d'avoir du rein et des membres (surtout avec sa
« charge actuelle). »

Et pour bien faire comprendre sa pensée il ajoutait :

« Nous ne croyons pas qu'il ait besoin de sang et nous sommes
« sûrs qu'il n'a pas besoin d'élégance... Des bretons ou des ar-
« dennais, courts et trapus, laids et communs, si l'on veut, voilà
« ce qu'il nous faut. Au reste, pour faire triompher cette idée, il
« suffirait d'envoyer dans les remontes les quelques rares offi-

« ciers d'artillerie qui sont capables d'y rendre des services. »

— Tout cela ne fait que corroborer les opinions qui résultent de mes observations personnelles et aussi des résultats des différentes enquêtes.

Du reste, partout où je me suis présenté, à Châlons, au camp de Châlons, dans les batteries montées, dans les batteries à cheval, ce sont les mêmes récriminations contre le grand cheval, et en particulier contre le carrossier.

Que lui reproche-t-on? Sa taille, l'horizontalité de sa croupe, la longitude de ses jarrets, la faiblesse actuelle de ses articulations.

On lui reproche encore (et ce n'est ni une hérésie, ni un paradoxe) la longueur de son encolure.

On a souvent comparé le cheval à un navire dont l'encolure serait le gouvernail. La grande encolure du carrossier, dont l'épaule est en avant et dont le garrot ne se prolonge pas, est comme un énorme gouvernail dont la barre serait trop courte.

Aux allures lentes, il est mobile au gré du flot; aux allures vives, il est raidi dans la direction de la marche et tous les efforts du pilote sur la barre trop courte ne peuvent réussir à modifier sa direction.

Sans vouloir donner le coup de pied de l'âne au carrossier qui n'en peut déjà mais, je me permettrai de compléter la définition qu'en donnait de Curnieu dans ses Leçons de science hippique générale.

« Le carrossier n'est pas le cheval propre à la voiture, c'est un « cheval impropre à tout sauf, à la voiture. »

Mais la voiture à laquelle cet animal est propre est une voiture bien particulière. C'est le carrosse; le coupé trois-quarts est son domaine; il ne faut pas le sortir de cette spécialité.

De Curnieu ajoutait très joliment : « On ne demande pas à ce « cheval des qualités, mais une certaine tournure, une certaine « manière d'être. »

Ce qu'il faut, au contraire, à notre cheval d'artillerie ce sont, avant tout, des qualités; peu nous importent la tournure et la manière d'être, pourvu qu'il porte et qu'il tire.

CHAPITRE XV

Paix et Guerre.

Le carrossier, c'est le cheval d'artillerie du temps de paix.

« Les chevaux d'artillerie sont appelés à déployer plus de
« vitesse que de force intensive ; il suffit de compter les attelages
« attachés à chaque pièce et d'examiner ce qui se fait, dans les
« manœuvres du temps de paix, pour s'en rendre compte. »
(Jacoulet et Chomel, 1 volume, page 633.)

Et M. Jacoulet, qui est un cavalier, en conclut « qu'il serait à
« désirer que les chevaux d'attelage de l'artillerie se rapprochas-
« sent du type des chevaux de selle. Malheureusement la pauvreté
« de nos ressources ne le permet pas ».

Faut-il ajouter que, pour lui, l'artilleur-selle n'est autre chose
que « le dragon ou le cuirassier, avec sensiblement plus de
« gros, moins de distinction, moins de sang.

« Les grandes nécessités de l'armée, eu égards aux ressources
« insuffisantes qu'offre l'élevage, font que souvent c'est un vérita-
« ble cheval de trait. Le fait en lui-même est regrettable, mais
« du moins est-il atténué par la nécessité d'utiliser indifférem-
« ment les chevaux d'artillerie au trait et à la selle, suivant les
« besoins. »

Pauvres artilleurs ! Heureusement pour eux, c'est seulement
pour le temps de paix qu'on leur donne de tels chevaux. Car « au
« jour de la mobilisation, l'artillerie et le train trouveront dans
« les vrais chevaux de trait d'excellents serviteurs ». (Jacoulet,
même volume, page 636.)

M. Jacoulet aurait-il raison ? Les manœuvres du temps de paix ne ressembleraient-elles en rien à celles du temps de guerre?

Et pourtant nous les voyons ces batteries manœuvrières. Elles font l'admiration de tous par leur mobilité et leur rapidité. Elles passent partout; aucun obstacle ne les arrête. Canons et caissons sont amenés sur toutes les positions; et les artilleurs se déclarent satisfaits de leurs chevaux d'attelage.

Que veut-on de plus? Pourquoi le général Langlois, en particulier, se plaint-il des chevaux qui permettent à l'artillerie d'exécuter des manœuvres si brillantes?

N'est-il pas content de la mobilité de cette artillerie, de son artillerie? ou bien la mobilité n'est-elle pour lui que question secondaire?

La mobilité? mais il la réclame, il la veut.

« Elle est indispensable, parce que : il faut s'assurer dès le
« début la supériorité du feu, parce que plus l'action de l'artille-
« rie est rapide, plus cette arme peut se multiplier par le mou-
« vement.

« Parce que plus les autres armes sont mobiles, plus l'artillerie
« doit l'être elle-même.

« Parce que les faits de guerre démontrent la nécessité d'une
« artillerie mobile, légère et manœuvrière, qualités d'autant plus
« indispensables que l'appui du canon est plus indispensable lui-
« même, que la certitude de son arrivée s'impose davantage. »

(Général Langlois, *Artillerie de campagne en liaison avec les autres armes*).

Mais le général Langlois nous explique que la mobilité décroît avec une extrême rapidité lorsque le poids du matériel augmente; que, sur une excellente route, peu accidentée et pendant un trajet de courte durée, les vitesses des anciennes batteries de 80 et de 90 n'étaient probablement pas très différentes; mais la différence s'accusait fortement dès que la longueur du parcours augmentait, dès que les chemins étaient mauvais, montueux, dès que les attelages étaient fatigués, réduits en nombre.

« Le 6 août 1870, les batteries à cheval du IIIe corps allemand

« gagnent 90 minutes sur les batteries montées pour un parcours
« de 34 kilomètres sur une excellente route.

« Le 16 août, dans le même corps, les batteries à cheval
« gagnent 45 minutes sur les batteries montées pour un trajet de
« 11 kilomètres 5.

« Or, en 1870, le poids des pièces des batteries à cheval et celui
« des pièces légères de 4 des batteries montées ne différaient que
« par le poids des sièges des servants, plus le poids de 5 servants,
« soit 425 kilos.

« A la bataille de Nachod, l'artillerie allemande est appelée en
« toute hâte au secours de l'avant-garde qui fléchit ; les batte-
« ries arrivent successivement et non dans l'ordre où elles se
« trouvent dans la colonne ; celles de 4 les premières, et de bonne
« heure.

« La batterie à cheval qui est à la queue de la colonne arrive
« avant l'artillerie lourde du gros.

« Celle-ci comporte une batterie de 6 rayée et une batterie de
« 12 lisse. Les batteries de 4, avec leurs caissons, ont passé sans
« encombre les marécages au débouché du pont de la Mettau ; la
« batterie de 6 passe ses pièces et laisse ses caissons embourbés.

« Or la différence de poids entre les caissons de 6 et de 4 est
« de 247 k. (2212 — 1965). Cette différence réduit le matériel lourd
« à l'immobilité.

« Quant à la batterie de 12, elle passe seulement 2 pièces sur
« 6 et laisse en arrière tous ses caissons. Or le poids des pièces
« de 12 lisse devait à peine dépasser 2000 kilos.

« Un fait est à méditer : on n'est certain de l'arrivée de l'arti-
« lerie que si elle est mobile et légère.

« Ce point se perd trop facilement de vue pendant la paix ; les
« expériences de marche du matériel se font sur de bonnes rou-
« tes, avec des chevaux en bon état ; une surcharge de 100 à 200
« kilos paraît sans importance ; en campagne, par de mauvais che-
« mins, avec des chevaux fatigués, mal nourris, cet appoint insi-
« gnifiant nous immobilisera peut-être. »

Je pourrais citer encore, d'après le général Langlois, nombre d'exemples qui prouveraient l'importance de cette surcharge de 100 à 200 kilos, qui paraît si minime puisqu'elle est répartie entre les six chevaux de la voiture.

« Sans le dire jamais les officiers d'artillerie ne sont pas sans « s'en rendre instinctivement compte (L. de N. *Journal des Scien-* « *ces militaires*). Quelles sont, en effet, les batteries montées qui « ont fait une série d'étapes sérieuses, avec paquetage de campa- « gne complet, et coffres garnis ?

« Il est facile de les compter ; et celles qui ont essayé de le « faire parce qu'elles étaient sous les ordres d'un commandant de « corps d'armée énergique et ne se payant pas de mots (général « Lewal) ont mis leurs chevaux sur la litière et la morve dans « leur infirmerie. »

Pour ménager les chevaux, pour ne pas leur imposer un travail au-dessus de leurs forces, cette préparation à la guerre, les manœuvres du temps de paix, se font avec des caissons vides ! « On galope pour la galerie. »

Veut-on savoir les différences de poids des voitures vides et des voitures chargées ?

Environ 3oo kilos pour la voiture canon.

Environ 1ooo kilos pour la voiture caisson.

Il n'y a plus à s'étonner que les chevaux du temps de paix puissent démarrer ces voitures qui sont aussi du temps de paix.

« Cette habitude funeste que l'on a prise dans le corps de mar- « cher avec des voitures vides a eu pour effet de donner à nos « artilleurs, à nos officiers acheteurs, à nos officiers généraux « les idées les plus erronées sur notre remonte en chevaux de « trait », écrit le général Langlois dans *le Temps* du 22 août 1908.

Et au Sénat, séance du 19 décembre, il demande au ministre « de la Guerre de vouloir prescrire formellement à nos régiments « d'artillerie de faire toujours leurs services en campagne avec « le matériel chargé en guerre.

« Je suis convaincu, ajoute-t-il, que cette habitude modifierait

« les idées de nos officiers généraux, de nos officiers de troupe et
« de nos officiers acheteurs, comme elle a modifié les miennes, sur
« la nature des chevaux qui conviennent aux batteries montées. »

On peut objecter que nos chevaux sont certainement très supérieurs à ceux des Allemands en 1866 et 1870 ; que si la course au
trot a pu déformer, elle a, du moins, sans contredit, augmenté
la qualité ; et l'on pense que le général Langlois, exagère lorsqu'il
déclare que le cheval dit à deux fins, à la fois de selle et d'attelage, « n'est bon, ni pour l'une, ni pour l'autre des deux fins
« auxquelles il est destiné, qu'il est incapable de traîner notre
« matériel ».

Tout au plus, comme le commandant Machard, dénoncerait-on
l'incapacité fréquente des attelages de l'artillerie à démarrer le
fort poids.

« Le poids trop faible des voitures empêche les chevaux de
« s'attendre et de s'employer sérieusement. Le premier qui part
« démarre seul la voiture, mais s'il éprouve une résistance un peu
« accentuée, il s'étonne et s'arrête : cela arrive si peu. Toutes les
« manœuvres se faisant avec du matériel extra-léger, ces habi-
« tudes se développent et deviennent une seconde nature. »

Mais on se dit que cette incapacité, qui résulte évidemment du
poids trop faible des voitures, disparaîtrait après quelques séances
de démarrage.

A part cela on approuverait volontiers les artilleurs ; on pense-
rait qu'ils ont raison de ménager leurs chevaux et l'on se porte-
rait garant de la facilité avec laquelle le demi-sang actuel pourrait enlever, aux allures vives, le matériel chargé.

Qu'est-ce que 2.200 kilos pour six bons chevaux de demi-
sang ?

Or voici les résultats d'une expérience faite, en 1906, par une
batterie à cheval remontée avec les meilleurs chevaux de demi-
sang de la Normandie.

« La batterie partait aux manœuvres avec son matériel chargé
« en guerre.

« Ses chevaux étaient très hauts de condition et en excellent
« état d'entraînement ; les économies réalisées pendant l'année
« lui permettaient de donner 12 litres d'avoine et 5 kilos de foin
« par jour.

« Les manœuvres avaient lieu en Champagne, sur un terrain
« sec et facile. Le travail commençait, en général, à 6 heures du
« matin et l'artillerie était toujours rentrée au cantonnement à
« 2 heures de l'après-midi.

« On trouvait partout de l'eau à profusion et très souvent des
« écuries excellentes, munies d'une litière fraîche et abondante
« gracieusement offerte par les maîtres du logis.

« C'était une année d'expériences ; le travail fut très doux et les
« allures méticuleusement réglées.

« Or voici la constatation enregistrée par les balances à la ren-
« trée au quartier après une absence de 12 jours, dont 8 de
« manœuvres coupés par un jour de repos.

« Les chevaux uniquement employés à la selle (gradés et ser-
« vants à cheval) avaient baissé de 2 à 14 kilos.

« Les chevaux uniquement employés au trait avaient baissé de
« de 30 à 52 kilos et nous ne comptons pas les cas de défaillance
« qui se produisirent dans cette catégorie où avaient été classés
« les meilleurs chevaux au cours des manœuvres proprement
« dites.

« Ces chiffres, dont nous garantissons l'authenticité, sont tout à
« fait éloquents et mieux que toute dissertation donnent une idée
« exacte du travail écrasant qu'attelé au matériel de guerre
« fournit le cheval d'artillerie. »

Ils donnent aussi une idée exacte des capacités du demi-sang.

« Autant il surpasse les chevaux de trait léger dans la traction
« rapide des véhicules légers, écrivait M. de Sourdeval, autant il
« lui est inférieur dès qu'il faut déployer des efforts. »

Or, il faut bien se le dire, le matériel actuel est lourd, presque
aussi lourd que le plus pesant des matériels allemands en 1866
et 1870. « Il ne s'agit plus pour les batteries d'escadronner, au

« galop, avec des voitures pesant 1600 kilos environ : elles doivent
« être en mesure, avec des voitures de près de 2500 kilos avec
« les servants sur les coffres, de faire des étapes de 40 à 45 kilo-
« mètres, sur route, avec une alternance de pas et de trot lent,
« prolongé, à la vitesse réglementaire de 200 mètres à la minute,
« puis des manœuvres à cette même allure dans des terrains lourds
« et difficiles. » Le carrossier est incapable de tels efforts. (Général Langlois. *Temps*, du 12 août.) S'il a été admis comme artilleur,
c'est que les idées ont été faussées par la légèreté du matériel.

A ce sujet le règlement italien est aussi catégorique que le général Langlois. Il prescrit *d'exécuter toutes les manœuvres avec
du matériel chargé ou au moins lesté, et cela afin d'éviter de donner au personnel des idées fausses sur la légèreté du matériel.*

En Allemagne, les batteries ont aussi l'ordre d'entraîner pro-
gressivement les chevaux à tirer le matériel chargé.

Que n'a-t-on suivi l'exemple des Italiens et des Allemands ? Nous
n'aurions pas abandonné nos excellents chevaux de trait léger,
nous ne les aurions pas changés contre les « laissés pour compte
« de la cavalerie ».

Avec le général Langlois nous concluons :

« Nos chevaux d'attelage n'ont pas besoin d'une encolure lon-
« gue, ni d'une grande distinction. Ils doivent être de taille
« réduite, parce que le timon de 75 est assez bas ; ils doivent
« avoir le rein large et solidement attaché, la cuisse descendue et
« bien gigotée, les jarrets larges, les membres nets et bien mus-
« clés ; enfin il leur faut du calme, une grande puissance de
« démarrage et, par-dessus tout, beaucoup d'endurance et de rus-
« ticité pour supporter avec la ration réglementaire les fatigues
« d'une campagne.

« Le postier breton possède en partie toutes ces qualités ; il en
« était de même de notre ancien cheval ardennais. »

Et encore avec le général Langlois nous demanderons la recons-
titution de nos bonnes races de trait léger, les seules capables de
fournir le travail imposé à nos attelages.

CHAPITRE XVI

Le Cheval d'artillerie.

Après les articles du général Langlois, après les débats de la Chambre et du Sénat au sujet du cheval d'artillerie, après la déclaration de M. le Président de la Commission de l'armée : « La « commission de l'armée se rend compte que la question de l'attelage des batteries est une de celles qui doivent retenir le plus « d'attention. Le ministre de la Guerre aura soin d'orienter les éleveurs des différentes parties de la France dans la voie où il convient de s'engager résolument, c'est-à-dire dans la production « du cheval, vigoureux, rustique, énergique et rapide », M. le ministre de la Guerre a déclaré : « Le type de cheval sera indiqué aux éleveurs de la façon la plus complète et la plus détaillée » et il a donné l'ordre à la Direction de l'artillerie d'établir une note « au sujet du cheval de trait d'artillerie nécessaire pour le nouveau canon ».

Tenant compte des résultats de toutes les expériences, de ceux des manœuvres faites avec matériel chargé, tenant compte des avis des artilleurs les plus compétents, la Direction de l'artillerie, a établi, conformément aux ordres du Ministre, la note dont je donne ci-dessous la copie textuelle :

« Copie d'une note établie conformément aux ordres du Ministre par la Direction d'artillerie, au sujet du cheval de trait « d'artillerie pour le nouveau canon.

« Le véritable cheval de trait d'artillerie doit réunir les qualités nécessaires pour pouvoir :

« 1° Occuper n'importe quelle place dans l'attelage de la voi-

« ture canon ou de la voiture caisson du matériel de 75 ; 2° être
« apte au service de la selle.

« Le choix de cet animal doit être déterminé : 1° par le poids
« de la voiture ; 2° par la hauteur du timon au-dessus du sol ;
« 3° par la distance entre les crochets d'attelage et les branches
« de support.

« Le poids moyen des voitures de notre matériel chargé en
« guerre étant de 1900 kilog., le cheval attelé doit avoir assez de
« masse pour exercer un effort de traction suffisant. Il semble
« qu'il doive se rapprocher du chiffre de 500 kilog. à l'âge où il
« est complètement utilisable.

« Il doit joindre à cette qualité une certaine trempe qui lui per-
« mette d'effectuer de longs parcours sur route et des efforts sou-
« vent pénibles en terrain varié.

« Il est essentiel que sa taille ne soit pas trop grande afin que
« l'extrémité du timon, située à faible hauteur au-dessus du sol,
« ne charge pas trop l'encolure.

« Elle devrait être comprise entre 1 m. 54 et 1 m. 59 au maxi-
« mum ; il n'y aurait aucun inconvénient à descendre jusqu'à
« 1 m. 53 pour les animaux présentant une masse et une énergie
« suffisantes.

« Le cheval ne doit pas être trop long, afin de ne pas être gêné
« par les branches de support qui seraient une cause de chocs
« répétés sur les genoux et les rendraient rapidement indisponi-
« bles. Il faut éliminer le cheval « type cuirassier », trop grand,
« trop long, et pour qui la ration d'artillerie est beaucoup trop
« faible.

« Pour satisfaire aux conditions énumérées ci-dessous, le bon
« cheval de trait d'artillerie doit être court, trapu, ample, à rein
« large, bien charpenté, près de terre, un fort dessous, avec une
« certaine trempe. Le breton fourni par le dépôt de Guingamp
« est celui qui paraît jusqu'ici réunir le mieux ces qualités. »

L'artilleur c'est le breton, c'est l'ardennais, C'EST LE TRAIT
LÉGER.

CHAPITRE XVII

Des épreuves.

La cause est entendue, l'affaire est jugée; mais il faut que la sentence s'impose même aux plus incrédules. Il faut en faire connaître les motifs, il faut les publier; il faut les rendre manifestes aux yeux de tous.

Sinon, comme tous les ans, les représentants des départements d'élevage feront entendre leurs plaintes. « Ils chercheront à atti- « rer sur leur département la pluie d'or de l'État. » Ils déclareront que le carrossier a été incompris, que le percheron a été mal essayé. Ils se refuseront à croire que leur cheval est inférieur à celui des départements voisins.

Il est juste de convenir que si la comparaison a pu être faite entre le carrossier et le cheval de trait léger, c'est un peu *a priori* que le cheval de trait a été écarté.

Ce n'est pas l'expérience qui a prouvé son infériorité, c'est pour ainsi dire l'évidence.

On demande au cheval d'artillerie une certaine trempe. La trempe ne paraît pas être l'apanage du cheval de trait pur. Il est lourd, il manque de ressort, il a besoin d'une très forte nourriture pour accomplir pesamment un travail qui ne peut être que lent.

Et pourtant le général Langlois est convaincu que beaucoup de nos races de chevaux de trait sont parfaitement utilisables pour nos batteries montées.

Le boulonnais, le petit boulonnais des omnibus et surtout des tramways-sud, semble au commandant Machard un parfait artilleur.

Le carrossier, il est vrai, lui paraît aussi d'un bon type comme cheval d'attelage.

Quant au percheron, il ne lui semble pas « qu'il y ait des rai-
« sons sérieuses pour reculer devant l'emploi d'une race excel-
« lente et nombreuse, et l'on peut se demander si l'utilisation des
« percherons ne ferait pas faire un grand pas à la question de
« plus en plus épineuse des ravitaillements, sans compter que
« l'emploi du véritable cheval de trait contribuerait à écarter de
« l'artillerie les rebuts de la cavalerie ».

Il reste aussi une certaine indétermination qu'il faut pouvoir lever. Le modèle est défini; les limites de la taille sont fixées, mais ce qui reste encore vague, ce qu'il semble difficile d'apprécier, c'est la trempe, l'endurance, la rusticité.

« La trempe ne peut être donnée que par le sang pur, écrit
« un artilleur, mais il faut que le cheval d'attelage ait un carac-
« tère facile, une impressionnabilité pas trop grande. Il ne faut
« pas que l'on soit obligé à des raffinements de conduite, il doit
« supporter le frottement des traits. »

Il pense que le produit issu directement du pur sang ne peut pas convenir; il demande le sang pur à la 3e génération.

Le commandant Machard, qui accepterait volontiers le cheval de trait pur, déclare pourtant que le sang ne peut qu'être une bonne chose; que le cheval n'en a jamais trop.

Le général allemand von Schell voulait, pour atteler les pièces des batteries à cheval, des chevaux de pur sang fortement membrés.

On voit que si l'on est presque d'accord sur le modèle, on est loin de l'être sur le degré de sang.

Je serai, pour cette fois, de l'avis du commandant Machard. Pour moi, si le cheval a le bon modèle, s'il est bien éclaté, près de terre, très puissant dans sa charpente et dans sa membrure, le sang n'est pas à craindre et le cheval n'en peut trop avoir. La puissance exclut le nervosisme. Les hercules sont patients.

Mais le cheval trop léger, la claquette, quel que soit son sang, ne fera jamais un bon artilleur. Son énergie se dépensera inutilement; il ne fera que gêner les autres et se tarer lui-même.

C'est tout cela qu'il s'agit de prouver, de rendre évident pour tous; il faut des épreuves.

« Je demande que la question soit liquidée une fois pour tou-
« tes, a dit au Sénat le général Langlois. Je prie monsieur le mi-
« nistre de la Guerre, qui ne s'y refusera certainement pas, de
« venir confirmer à la tribune du Sénat ce qu'il a dit à la tri-
« bune de la Chambre; c'est-à-dire qu'il ferait des achats de che-
« vaux de trait des différentes races et des expériences compara-
« tives. Ceci est important au moment où nous allons probable-
« ment acheter 9.000 chevaux pour notre artillerie. »

Et il a indiqué comment il comprenait ces épreuves : « J'insiste
« tout particulièrement pour que ces expériences soient faites
« dans les conditions de la guerre, qu'elles aient une durée suffi-
« sante, et qu'elles consistent en des marches sur route de 25 à
« 30 kilomètres à une allure moyenne de 8 k. 1/2 à l'heure, sui-
« vies de manœuvres ou d'exercices de roulement sur les terrains
« durs, accidentés, et quelquefois très lourds de notre région de
« l'Est. »

Nous ne pouvons trop insister pour l'organisation de ces épreuves. Nous les voulons concluantes.

Il les faut de longue durée. Une épreuve d'une seule journée, aussi dure soit-elle, peut être absolument fausse comme résultat.

Il faut qu'elles soient faites dans les conditions de la guerre et comme travail et comme ration et comme hygiène.

Il appartient à l'artillerie de déterminer exactement ces conditions, d'organiser ces épreuves, d'en publier les résultats.

Et alors le postier de sang s'imposera, et il méritera tous les encouragements.

Nous demanderons que la Société du cheval de guerre veuille

bien l'admettre dans ses concours ; nous demanderons que la Remonte organise, pour lui, des primes de majoration.

Ces concours et ces primes seront faciles à organiser.

La taille, le poids, le modèle, le degré de sang ayant été déterminés et fixés par les épreuves préliminaires, ne pourront être admis à concourir que les animaux satisfaisant à toutes ces conditions.

Après avoir examiné le cheval, après l'avoir noté pour son modèle et pour son origine, on pourrait le soumettre à une série d'épreuves, épreuve de démarrage, épreuve de traction, épreuve montée qui feraient valoir ses qualités artilleuses.

Quelques concours organisés sur ce modèle permettraient d'encourager le bon cheval, le cheval réellement utile, et cela sans aucun préjudice pour l'élevage du cheval de selle.

Car il faut le dire et le redire : la mère du hunter est la jument de trait léger.

Les juments de l'artillerie seront les meilleures poulinières, les plus aptes à être croisées avec le cheval de pur sang ; c'est par l'artillerie que sera produite la meilleure cavalerie.

CHAPITRE XVIII

La Remonte de l'Artillerie.

« Le but du Gouvernement en établissant les dépôts de Re-
« monte, écrivait en 1828 le général Wolff, inspecteur général
« des Remontes, a été de favoriser l'agriculture, d'engager les
« éleveurs à améliorer la race des chevaux propres au service
« de l'armée, de composer ses remontes en chevaux français
« exclusivement et enfin d'écarter l'influence des marchands et
« maquignons, funeste aux intérêts de l'État et des propriétai-
« res. »

L'histoire de la Remonte est celle de la lutte contre cette
influence. Je voudrais la résumer en quelques mots (1).

On crée les Dépôts de Remonte. A partir de cette « époque,
« tous les cultivateurs qui ont des chevaux peuvent les présenter
« et les faire recevoir s'ils ont les qualités exigées. Les dépôts,
« ont pour objet de leur donner les bénéfices que pouvaient faire
« sur eux les fournisseurs qui jusqu'alors avaient été chargés
« des Remontes, d'encourager l'éducation des chevaux et l'amé-
« lioration des races. »

Quelques mois à peine après la création des dépôts, les journaux
sont pleins de récriminations contre les achats aux marchands.

Il est répondu que l'on n'a pu ni dû exclure de la « concur-
« rence les marchands, qui sont aussi propriétaires et sont sou-
« vent cultivateurs, ni qui que ce soit ; car le Gouvernement, en
« détruisant l'espèce de monopole qu'exerçaient de fait les four-

(1) D'après documents des archives départementales du Calvados.

« nisseurs, n'a pu vouloir établir un privilège en faveur d'une
« classe quelconque de citoyens.

« Le dépôt de Remonte reçoit les chevaux propres au service
« de la part de tout le monde indistinctement. Il accueille de
« préférence les cultivateurs. Voilà tout ce qu'il peut et doit
« faire. De quel droit voudrait-on que l'on défendît aux mar-
« chands l'entrée du local de la réception ou qu'on les en chas-
« sât, comme les vendeurs furent chassés du temple? » (Général
Farine, commandant le Dépôt de Remonte de Caen. 1818.)

Cependant pour satisfaire aux exigences des éleveurs, « et
« pour détruire tout obstacle s'opposant aux achats directs aux
« propriétaires et éleveurs », on supprime pour les marchands le
droit de présentation.

Pour éliminer tout marchand et maquignon, on exige de chaque
vendeur un certificat de possession depuis plus de six mois.

On ouvre dans chaque mairie un registre d'inscription pour les
éleveurs de la commune et seuls ceux qui y sont inscrits ont le
droit de vendre à la Remonte.

Les marchands réclament le droit de présenter au moins leurs
élèves; une commission mixte détermine chaque année le nombre de chevaux qu'ils auront la faculté de présenter en tant
qu'éleveurs.

Malgré toutes ces dispositions, « il y a toujours des sujets, au
« moins des prétextes de plaintes ».

« On entend dire que certains individus, au su ou à l'insu des
« officiers acheteurs, livrent, à l'aide de prête-noms, un nombre
« considérable de chevaux; que les certificats sont obtenus avec
« trop de complaisance; que des chevaux refusés entre les mains
« des petits cultivateurs sont plus tard acceptés lorsqu'ils sont
« présentés par les spéculateurs privilégiés, etc. »

On constate alors l'inutilité de toutes les mesures. On revient
au principe de la liberté pour tous. On espère, d'ailleurs, que les
éleveurs ont pu se rendre compte de la bienveillance avec laquelle

on accepte leurs produits, de la préférence marquée que l'on a pour eux.

Les plaintes recommencent de plus belle. De nouvelles mesures sont prises.

On interdit aux marchands les présentations pendant certains mois de l'année.

Tout vendeur auquel la Remonte aura acheté 20 chevaux et plus, dans les 12 mois qui précèdent, est partout exclu des présentations réservées aux éleveurs, à moins qu'il ne puisse dûment établir que les animaux amenés par lui au Comité d'achat sont sa propriété depuis un an au moins.

Seuls les chevaux de 5 à 8 ans sont achetés à toute époque de l'année aux éleveurs, et aux marchands, mais ceux-ci doivent opter pour un certain dépôt. Ils ne peuvent vendre de chevaux qu'à ce seul dépôt.

L'inscription six mois à l'avance est rétablie, etc.

Ces mesures ont-elles donné de meilleurs résultats que les anciennes? Je veux le croire. Les éleveurs sont certainement plus en confiance; ils n'hésitent pas à présenter eux-mêmes les chevaux de leur élevage. Et pourtant les marchands fournissent encore à la Remonte un bon nombre d'animaux.

Il y a lieu de se demander pourquoi l'éleveur renonce au bénéfice qu'il pourrait réaliser en présentant directement son cheval, pourquoi l'intermédiaire du marchand ne lui semble pas désavantageux.

La cavalerie, l'artillerie, le génie, avaient autrefois une remonte séparée, un mode distinct d'opérations.

L'utilité de la centralisation fut reconnue et, depuis 1831, le service de la Remonte est chargé de l'achat des chevaux pour toutes les armes.

Cette centralisation est en tous points excellente; son principe est indiscutable et revenir à l'ancien système serait un grosse faute.

Il est tout naturel que la Remonte favorise particulièrement l'élevage du cheval de selle, du cheval de cavalerie.

L'ordonnance du 29 mars 1831 en explique parfaitement les raisons : « La Révolution en divisant les fortunes, l'Empire en « faisant un grosse consommation de cavalerie, l'Industrie en « multipliant les voitures publiques ont concouru à diminuer, « pour ne pas dire à faire passer en France, l'usage des chevaux « de selle; avec l'usage s'en perdit le goût, avec le goût l'intérêt « d'en élever.

« Aussi exista-t-il un moment où l'on put croire que les races « manqueraient à leur reproduction.

« Depuis, et malgré la paix, l'Administration des Haras, soit « qu'elle n'ait pas suffisamment comme but de régénérer et pro- « pager les races propres à la guerre, soit qu'elle ne possédât « pas dans son organisation et dans l'étendue des ressources mi- « ses à sa disposition le moyen d'atteindre ce but, n'a pu obtenir « sous ce rapport que de faibles résultats.

« Le ministre de la Guerre est le seul consommateur de chevaux « de selle ; il lui appartient d'exercer une active et salutaire « influence sur la reproduction et l'amélioration de cette espèce « de chevaux. Il a dans la Remonte un moyen efficace. »

La Remonte doit donc soutenir de toutes ses forces le cheval de cavalerie ; elle doit le payer très largement, d'autant plus que ce cheval est moins commercial.

Mais est-ce une raison pour ne pas acheter aux mêmes dates les chevaux de toutes les armes?

En 1835, le préfet du Calvados écrivait au général Wolff : « Ce « n'est pas en faisant des catégories que l'on parviendra à remon- « ter convenablement l'armée. Le bon cheval d'armes est si rare ; « il faut le saisir partout où il se présente. »
Les catégories existent encore.

Pour la cavalerie, les chevaux sont achetés à partir du 1er juil- let de leur 3e année ; un certain nombre doivent être achetés de juillet à septembre ; une deuxième portion d'octobre à décembre ; le reste à partir du 1er janvier suivant.

Pour l'artillerie, les chevaux sont achetés à partir du 1er janvier de leur 4e année.

Je n'insiste pas sur ce que ces achats pendant la période des grands froids sont absolument néfastes pour la santé des chevaux. C'est une mauvaise époque et pour les transports et pour l'acclimatement, mais là n'est pas la question.

Les achats successifs en juillet, octobre et janvier sont :

1° A l'avantage des marchands, qui profitent des triages faits par les comités d'achat ;

2° Au détriment de l'artillerie, qui se voit enlever avant le mois de janvier, pour le commerce, ses plus beaux chevaux (et principalement ses plus beaux attelages).

Le cultivateur sait bien, par les affiches, que, à telle séance, la Remonte achètera des chevaux de telle et telle catégorie ; mais comme il ignore le plus souvent la catégorie dans laquelle son cheval peut être classé, il le présente quel qu'il soit, espérant toujours que le Comité d'achat voudra bien le recevoir.

Les marchands ne manquent pas de suivre toutes les opérations de la Remonte et c'est à leur grand profit car, dès qu'un cheval est refusé, il semble de suite perdre de sa valeur aux yeux de l'éleveur qui l'abandonne pour un prix modique. S'il est simplement ajourné, le marchand s'arrange pour persuader à l'éleveur que son cheval ne sera jamais accepté.

Tous ces triages de la Remonte se font en fin d'année ; c'est justement le moment des foires, des concours de poulinières ; c'est aussi l'époque du sevrage des poulains. Il faut à l'éleveur de la place dans ses écuries.

C'est aussi, en Normandie et en Bretagne, l'époque du terme pour les fermages, la Saint-Michel, Noël ; c'est à ce moment que le cultivateur a besoin d'argent et qu'il désire vendre.

Le cheval d'artillerie étant particulièrement commercial, même trois ans et demi, le marchand saisit toutes les bonnes occasions et les meilleurs attelages disparaissent pour le commerce.

Et encore cette autre raison. Le cheval d'artillerie est déjà à trois ans un cheval de travail. C'est justement en fin d'année que le cultivateur peut se passer de ses services. Les foires de novembre et de décembre sont déjà très fortes en animaux de cette espèce.

En 1832, M. de Bonneval, directeur du Haras du Pin, écrivait à M. le comte de Montlivaut, préfet du Calvados :

« Je crois qu'il serait important de calculer l'époque où les « chevaux ne sont plus utiles aux travaux de l'agriculture afin « d'en trouver un grand nombre qui soient prêts à être ven-« dus. »

Dans un rapport de la Société d'Agriculture et de Commerce de Caen, en 1847, nous lisons :

« C'est ordinairement après les derniers labours d'automne « que l'on prépare les chevaux pour les mettre en vente.

« Le prix de la vente de ses chevaux constitue pour le fermier « une des plus abondantes recettes de l'année.

« C'est sur lui qu'il compte, en général, pour payer une grande « partie de ses fermages, dont l'échéance, presque toujours, « coïncide avec cette époque.

« Si la Remonte n'achète pas, l'éleveur est forcé de vendre « tout de même et à tout prix. Il lui est difficile d'attendre. »

Nous comprenons maintenant la persistance de l'influence des marchands. Ils achètent quand l'éleveur a besoin de vendre, tandis que la Remonte a la prétention d'acheter à son jour et à son heure, sans s'inquiéter des commodités de l'agriculture et de l'é-levage.

Un autre grave défaut de la Remonte de l'artillerie c'est le prix trop réduit du cheval d'attelage.

Voici un cheval auquel on demande des qualités exceptionnelles de traction, d'allures, d'endurance, de rusticité, et il est très loin au bas de l'échelle des prix de la Remonte.

Que l'on couvre d'or l'éleveur du bon cheval de cavalerie ; c'est chose naturelle, mais serait-ce trop demander que l'on payât un peu plus largement ce bon serviteur qu'est l'attelage de l'artillerie.

1.000 francs ! C'est le prix moyen ; et dans cette catégorie sont les chevaux destinés aux batteries à cheval, chevaux qui, d'après le prince de Hohenlohe, doivent être d'une résistance hors ligne, incomparablement plus forts et meilleurs que ceux de la cavalerie, qui doivent avoir la puissance et la résistance mais aussi la vitesse et que les Allemands n'hésitent pas à payer 1.800 à 2.000 marks (2.250 à 2.500 francs).

Quant à l'absence d'homogénéité dans le recrutement des chevaux d'artillerie, elle a été suffisamment soulignée par l'intéressant article du comte de Robien dans *le Sport Universel Illustré* du 15 novembre et par les photographies suggestives qui l'accompagnent.

Maintenant que M. le ministre de la Guerre a fait définir le cheval d'artillerie, qu'il a fait connaître son modèle, son poids, il faut espérer que ce défaut sera considérablement atténué et que nous ne reverrons plus l'association d'éléments aussi hétérogènes.

Le relèvement du prix d'achat, la suppression des catégories, l'achat à trois ans et demi, l'organisation de concours de majoration pour chevaux d'attelages permettraient d'améliorer considérablement la Remonte de l'Artillerie. Les cultivateurs trouveraient dans ces mesures un excellent encouragement à l'élevage du bon cheval, du cheval utile aussi bien pour eux-mêmes que pour l'armée.

CHAPITRE XIX
Le Cheval de commerce.

Il y a deux sortes de commerce : celui de luxe, celui d'utilité ;
deux sortes de chevaux de commerce : les chevaux de luxe, les
chevaux de travail.

On a dit et répété souvent, en ces dernières années, que l'automobilisme tuerait le cheval de luxe. Faut-il le déplorer ?

D'après M. Lavalard, la vente à grand prix d'un cheval de
luxe ferait élever vingt chevaux de remonte.

Si le cheval de luxe avait été le cheval le plus parfait, le meilleur cheval de selle, le cheval de trait possédant le plus de qualités, je serais de son avis, et je dirais avec lui : « Un pays qui sait
« produire de bons chevaux n'a pas besoin de faire exprès le
« cheval de guerre : il le trouve sans le chercher dans le courant
« de sa production incessamment stimulée par la certitude d'une
« consommation immense et permanente. »

Mais jusqu'à présent, le cheval de luxe était un article de
mode dont la seule utilité était de remplir le porte-monnaie de
ses heureux producteurs et de ses professeurs de maintien.

Je ne pleurerai pas sa disparition.

Nous sommes devenus maintenant plus utilitaires dans notre
luxe : ce sont les qualités que nous recherchons et que nous
payons. Nous voulons la machine la plus vite, la plus puissante,
la plus confortable.

Les plus beaux chevaux de selle que la Remonte pouvait
acquérir autrefois à bon compte, que personne ne lui disputait,
trouvent acheteurs à des prix très élevés et l'écuyer en chef de

Saumur voit disparaître pour le luxe les plus beaux chevaux des concours, ceux qu'il serait si heureux d'avoir pour sa « Car-« rière ».

Les chevaux d'attelage doivent avoir des qualités, qualités de vitesse et d'endurance. Ceux qui ne tiennent pas à la qualité veu-lent au moins une apparence d'utilité ; et c'est la raison de la vogue du postier dont la formule est celle du cheval de travail.

D'après M. de Pioger : « La crise qui menace l'industrie du « carrossier, la faveur dont jouit le gros cheval engageront peut-« être l'éleveur à se cantonner dans la production du trait qui, « jusqu'à présent, n'a pas donné de mécomptes.

« Les régions où l'on faisait surtout le cheval de luxe ne se « contenteront pas de remplacer dans leurs herbages le cheval de « demi-sang, qu'elles n'auront plus d'intérêt à produire, par la « vache laitière ou le bœuf d'engrais.

« Il est infiniment plus probable qu'elles se retourneront du « côté du cheval de trait lorsqu'elles n'auront plus d'autre clien-« tèle assurée que celle de la Remonte ; et, comme elles le feront « meilleur que les pays de petite culture, ceux-ci auront à subir « une concurrence qui ne laissera pas que d'être redoutable. »

Mais le cheval de trait ne peut pas être élevé à l'herbage ; c'est avant tout un cheval de travail. Pour faire un bon cheval de trait, pour le réussir, il faudrait que les éleveurs changeassent tout le régime agricole de leur pays, qu'ils pussent faire travail-ler leurs chevaux.

Il est bien évident que cela ne sera pas.

On produira donc moins de chevaux de demi-sang, mais on les fera bons, utiles, vrais chevaux de selle. La Remonte y trou-vera son compte et les éleveurs n'y perdront peut-être pas.

Le cheval de trait subira-t-il aussi la crise qu'on lui prédit ? « La traction mécanique tend de plus en plus à se substituer au « cheval pour les transports.

« La Compagnie des omnibus de Paris, qui employait 10 à 12.000 « chevaux de trait pour traîner ses véhicules, cherche à les rem-

« placer peu à peu par des moteurs d'un genre différent.

« Si, en même temps, dans toutes les régions, on se jette dans
« la fabrication du cheval de trait, on peut craindre qu'il n'y ait
« surproduction. »

Pour l'industrie, pour le hâlage, il n'est pas douteux que le
cheval sera remplacé, un jour, par la traction mécanique.

Il en sera de même pour la culture industrielle.

Mais ce jour n'est pas encore venu et le cheval de trait trouvera
encore longtemps amateur à très gros prix.

Il sera, cependant, prudent de ne le faire que dans les pays où
il est produit presque naturellement.

Quant au cheval de trait léger, son commerce est actuellement
considérable et il est certain qu'aucune crise ne pourra l'atteindre.

Qu'est-ce que le cheval de trait léger ? demandais-je un jour à
un gros courtier.

« C'est le cheval utile à tout, me répondit-il, parce qu'il est
« bon à tous genres de travaux en tous terrains.

« C'est le cheval de la petite culture, de la petite bourse ; aussi
« c'est lui le plus demandé.

« En dehors de la Beauce, il le faut pour presque toute la
« France, pour le Midi, en particulier, où le cheval de gros trait
« s'acclimate difficilement

« Il le faut pour l'Italie, pour l'Espagne, qui en font une énorme
« consommation, pour l'Allemagne, qui en achète beaucoup pour
« son artillerie.

« Il serait impossible d'énumérer tous les marchands qui
« viennent le chercher en Bretagne, de rendre compte de tous
« les achats des Espagnols et des Italiens dans le Finistère, l'Ille-
« et-Vilaine et la Mayenne, de citer les courtiers allemands ins-
« tallés à demeure dans le pays de Landerneau, de compter les
« wagons expédiés par M. Chanvril à Bordeaux et à Toulouse. »

Les débouchés ne manquent pas pour lui. Est-ce à dire qu'il ne
faille pas chercher à les augmenter ?

Lorsque les pays dans lesquels le trait léger est un produit naturel feront ce cheval et auront renoncé à toute autre production, il est possible que l'offre devienne supérieure à la demande. Alors la qualité diminuerait.

Il faut donc s'inquiéter des débouchés. Il faut aussi s'occuper d'améliorer les chevaux de cette espèce, il faut développer leurs aptitudes en harmonie avec le service auquel ils sont destinés ; il faut en faire les vrais chevaux utiles à l'agriculture et à l'armée.

Il faut encourager les éleveurs à conserver leurs bonnes juments, et c'est en cela que l'action de la Remonte peut être considérable.

Le commerce demande surtout le cheval, hongre ou entier ; il l'achète de préférence à la jument.

La Remonte achète indifféremment les juments et les chevaux.

Autrefois, de 1837 à 1850, la proportion dans laquelle les juments et les chevaux étaient achetés par la Remonte était fixée chaque année pour chaque contrée.

« On a reconnu que ce système nuit plus à la production qu'elle « ne l'encourage, car ce sont moins les juments qui manquent « que la certitude pour l'éleveur de réaliser les bénéfices : et on a « laissé toute latitude en cette matière aux achats de la Remonte. » (Général de La Moricière.)

En 1793, dans le premier Règlement des Remontes générales, il était prescrit de n'acheter que des chevaux hongres et des juments et celle-ci dans la proportion de 1/3 seulement (encore fallait-il qu'elles eussent 5 ans faits). En les recevant plus tôt l'appât du « gain pourrait déterminer le propriétaire à les vendre et cette « vente ne pourrait avoir lieu qu'au détriment de l'espèce dont « on détruirait ainsi la source. En ne les recevant qu'à 5 ans « faits, il y a lieu de croire que les nourrisseurs ne les vendront « qu'après avoir reconnu qu'elles ne donnent pas de belles pro- « ductions; la vente alors ne sera pas préjudiciable à la propa- « gation de l'espèce. »

Il est peut-être inutile d'appliquer à nouveau ces mesures, mais la Remonte ne saurait trop engager les éleveurs à conserver leurs bonnes pouliches, à essayer leurs capacités poulinières.

Elle peut aider les petits éleveurs en leur achetant ces pouliches et en les laissant chez eux avec l'obligation de les faire saillir par un étalon que désigne le commandant du dépot de Remonte.

Si l'éleveur constate que la jument est très bonne poulinière, il peut, s'il le désire, la racheter sans majoration de prix. Il a ainsi tout le loisir de l'essayer.

Dans les pays de petite culture, ce système devrait être très généralisé.

CHAPITRE XX

Agriculture ou commerce?

On sait l'organisation de l'Office national du commerce extérieur.

Créé par une loi du 4 mars 1898, qui l'a rattaché au ministère du Commerce et de l'Industrie, en le déclarant d'utilité publique, il a pour mission de fournir aux industriels et négociants français tous les renseignements commerciaux relatifs au développement du commerce extérieur et à l'extension de ses débouchés dans les pays étrangers, les colonies françaises et les pays de protectorat.

Le 26 septembre 1908, cette organisation était rappelée aux agriculteurs, commerçants et industriels de Rennes dans une très remarquable conférence.

D'accord avec le ministre du Commerce, M. le ministre des Affaires étrangères avait chargé M. Blanchard de Farges, ministre plénipotentiaire, d'une mission ayant pour objet de rechercher les mesures propres à rendre plus efficaces le concours que les agents diplomatiques et consulaires français doivent aux industriels et commerçants de notre pays, en vue notamment de développer l'exportation des produits français.

M. Blanchard de Farges allait de ville en ville porter la bonne parole. Il se mettait à la disposition des intéressés pour tous les renseignements dont ils pourraient avoir besoin pour exporter leurs produits.

Désirant m'instruire, je me rendis à la conférence. M. Blanchard de Farges exposa le rôle qu'étaient appelés à jouer les attachés commerciaux; il expliqua l'organisation de l'Office national du commerce extérieur.

Il engagea les intéressés à ne pas hésiter à s'adresser à cet Office qui fournit gratuitement tous les renseignements que l'on peut désirer sur les produits susceptibles de trouver un débouché sur les marchés étrangers, sur la situation de ces marchés, etc.

Il insista sur les bénéfices des coopératives, sur l'importance de la probité commerciale.

Le pays exporte en Angleterre une grande quantité d'œufs, de beurre et de légumes de toute sorte. M. le ministre plénipotentiaire en parla longuement.

L'Espagne, l'Italie, l'Allemagne viennent y chercher de nombreux chevaux ; il ne fut nullement question de ce commerce.

Un peu intrigué par cet oubli et d'ailleurs à la recherche de tous renseignements sur l'exportation des chevaux français, j'écrivis, dès le lendemain, au directeur de l'Office et je lui posai des questions précises sur les exportations françaises de chevaux en Europe et en Amérique.

Je reçus du directeur de l'Office la réponse suivante :

« J'ai l'honneur de vous communiquer, ci-joint, un relevé des
« exportations françaises de chevaux effectuées en 1907 à desti-
« nation de l'Espagne, de la Suisse, de l'Italie, de la Belgique,
« de l'Allemagne et des États-Unis (statistique officielle des doua-
« nes).

« En ce qui concerne les régions françaises exportant des che-
« vaux dans les pays mentionnés ci-dessus, il ne nous est pas
« possible de fournir des indications précises, car il n'existe aucun
« document officiel contenant ces renseignements (même observa-
« tion pour les régions importatrices des pays de destination).
« D'ailleurs, la provenance de l'animal dépend essentiellement de
« l'usage auquel on le destine.

« D'autre part, nous ne pouvons davantage vous donner des prix
« d'achat ou de vente, même approximatifs, ceux-ci variant dans
« des proportions considérables suivant les circonstances dans
« lesquelles ont lieu les marchés, l'âge et la condition de l'ani-
« mal, etc.

« Enfin nous prenons les mesures nécessaires pour nous procu-
« rer les noms et adresses des importateurs de chevaux dans les
« pays précités et j'aurai soin de vous communiquer le résultat
« de cette enquête dès qu'il nous sera parvenu. »

De plus en plus intrigué par ce manque de renseignements, par
cet oubli total du commerce des chevaux, j'écrivis mon étonne-
ment à un ami, conseiller du commerce extérieur de la France,
et je lui demandai si, parmi ses collègues, il en était un qui s'oc-
cupât de cette question.

Je prévoyais sa réponse. Aucun conseiller ne s'occupe de la
question chevaline. « Et la chose est regrettable, m'écrit-il, car toute
« branche de commerce devrait être représentée dans le Conseil. »

Mon ami se trompe. M. François Caquet, conseiller général
de la Nièvre, membre du Conseil supérieur de l'Agriculture,
conseiller du commerce extérieur de la France, s'intéresse à la
question chevaline.

En tête de son rapport au *Congrès hippique*, il déclare que les
chiffres relatifs à la consommation de la viande de cheval sont
rassurants à l'égard des débouchés possibles de notre élevage.

On est en droit de se demander, conclut M. Romain dans *le
Sport Universel Illustré*, décembre 1908, à qui les Conseillers
du commerce extérieur réservent leurs conseils.

Je repris immédiatement ma correspondance avec l'Office. Je
signalai au Directeur qu'il paraissait étrange que le ministre du
Commerce ignorât le commerce des chevaux.

Je citai les nombreux marchands que j'avais vus dans l'Est
(M. Goguenheim et autres) qui, au commencement de 1906,
avaient fait la râfle de tous les produits utilisables pour l'armée
allemande.

Je cite également M. Mac Laughlin et ses achats dans le Perche et la Normandie ; les courtiers allemands installés à demeure
à Plouvorn (Finistère) ; les Italiens et leurs nombreuses comman-
des en Normandie et en Bretagne (200 chevaux livrés en un mois
à une Commission italienne par un marchand de chevaux de la

Manche); les Espagnols et leurs achats en Bretagne et aussi dans le Perche, d'où ils ont emmené nombre d'étalons et de poulinières; les Argentins et leurs largesses ; les Japonais, qui ont renoncé au cheval du Midi et qui achètent maintenant en Normandie des étalons et des pouliches; les Belges qui font passer dans leur pays pour les y naturaliser beaucoup de poulains des Ardennes ; les Suisses qui tirent de la Normandie une grande quantité de chevaux.

J'envoie en communication le rapport du comte Becci sur l'exportation française en Espagne.

J'attire l'attention sur la démarche de la délégation de *la France Hippique* auprès du service des douanes pour la diminution des droits d'entrée en Espagne et je conclus à la création au ministère du Commerce d'un service spécial s'occupant du commerce des chevaux.

Réponse du directeur de l'Office.

« J'ai l'honneur de vous informer que, à mon sens, cette créa-« tion ne semble pas devoir répondre à un besoin réel.

« En effet, l'Office national du Commerce extérieur est en « mesure de fournir tous les renseignements sur l'importation et « l'exportation des chevaux ; d'autre part, l'Administration des « Haras au ministère de l'Agriculture s'occupe spécialement de la « question hippique ou chevaline et, ainsi que notre correspon-« dant de Chicago vient de nous le faire remarquer, cette direction « possède sur les races des chevaux demandés dans cette région « un volumineux dossier que vous pourriez consulter utilement. »

Qu'a fait de ce dossier le ministère de l'Agriculture ? Voilà un document qu'il aurait été intéressant de publier. Il aurait pu être utile à beaucoup d'éleveurs et de marchands.

Si la Direction des Haras le garde pour elle, si elle n'a publié, jusqu'à présent, aucun document de cette nature c'est qu'elle n'est pas, comme le ministère du Commerce, outillée pour renseigner.

L'Office national du Commerce extérieur publie : un Moniteur officiel du Commerce, journal hebdomadaire de renseignements, les rapports commerciaux des agents diplomatiques et consulaires de France ; une feuille d'informations et de renseignements ; des monographies industrielles et commerciales ; des notices commerciales.

Où sont les publications analogues du ministère de l'Agriculture ? Et pourquoi d'ailleurs faire double emploi ?

Le ministère du Commerce possède une agence de renseignements commerciaux ; pourquoi cette agence ne pourrait-elle pas renseigner sur le commerce des chevaux ?

D'autre part, le ministère du Commerce a comme agents d'action à l'extérieur les attachés commerciaux.

Je lis dans *la France hippique* du 31 mai :

« Nous sommes particulièrement heureux d'apprendre la créa-
« tion d'attachés commerciaux auprès des principales ambassa-
« des de France à l'étranger. Pour nous qui avons étudié, dès la
« première heure, la question de notre exportation chevaline,
« nous ne pouvons qu'applaudir à cette innovation, avec le ferme
« espoir que nous trouverons en nos attachés commerciaux des
« partisans convaincus de nos belles races françaises, qu'ils sau-
« ront les préconiser comme elles le méritent et offrir à nos éle-
« veurs de nouveaux débouchés. »

S'il est entendu que le ministre du Commerce ignore le commerce des chevaux, comment ses agents à l'extérieur pourront-ils le connaître ?

Il faudra qu'ils en soient priés par le ministre de l'Agriculture dont ils ne dépendent pas. A quoi, d'ailleurs, serviraient les renseignements qu'ils pourraient recueillir si le ministre de l'Agriculture n'a pas le moyen de les faire connaître aux intéressés.

Je conclus à la création d'un représentant du commerce des chevaux près le ministère du Commerce, conseiller du commerce extérieur de la France en cette matière, trait d'union indispensable entre le ministère du Commerce vendeur et acheteur, le ministère de l'Agriculture producteur, le ministère des Travaux publics transporteur, le ministère des Finances taxeur.

CHAPITRE XXI

Les Renseignements de « l'Office ».

1º Les statistiques des douanes en 1907.

Statistiques fausses et que, par conséquent, je ne reproduirai pas. Prenons-y, par exemple, les exportations de chevaux vivants en Suisse. Nous trouvons qu'il a été exporté de France en Suisse 3.712 chevaux, 669 juments, 651 poulains, soit 5.079 têtes.

Or, dans un renseignement venu de Suisse et que nous a transmis l'Office national du Commerce extérieur, il est écrit :

« Il a été importé en Suisse, en 1907 : 14.707 chevaux, dont 6.652 « venant de France. »

Étonné de cette différence, je la fis remarquer au directeur de l'Office. Voici sa réponse :

« Pour ce qui concerne les différences que vous avez constatées « entre les chiffres que nous vous avons transmis le 8 de ce mois « (exportations françaises de chevaux à destination de la Suisse) « et ceux fournis par la chambre de Commerce de Genève (impor- « tation en Suisse de chevaux provenant de France), elles peu- « vent s'expliquer par ce fait que les deux relevés dont il s'agit « n'ont pas été puisés dans le même document. Le premier « résulte du « tableau général du Commerce de la France » « alors que le second a été établi d'après les statistiques officiel- « les suisses.

« Or, les douanes des pays d'exportation ne peuvent, cela se « conçoit, qu'exercer un contrôle sommaire lors de la sortie des « produits, tandis qu'à l'importation la vérification est très minu- « tieuse en raison même des droits d'entrée à acquitter.

« Il est donc préférable de se baser, en l'espèce, sur les chiffres
« publiés par l'administration des douanes des pays importateurs,
« c'est-à-dire de la Suisse. »

Les statisques officielles des douanes ne signifient donc rien. Il
est regrettable qu'un document aussi inexact soit partout reproduit, dans le rapport annuel de la gestion des Haras, par exemple.

Je communique intégralement tous les autres renseignements
qui me sont parvenus jusqu'à ce jour.

Belgique.

COMMERCE DE CHEVAUX

Région d'Anvers. — Les races françaises de chevaux qui
pourraient trouver un débouché à Anvers sont les races de trait
léger. Le gros camionnage, en effet, est réservé, au port, à une
race tout à fait particulière, produit de l'élevage des Flandres, et
connue dans le pays sous le nom de « natiepaarden ». Aucune
race française ne correspond à ce type de chevaux utilisés pour le
gros camionnage.

Les négociants à qui on pourrait faire des offres directes sont :

MM. Derrider, rue Torfs, 26, *Anvers.*

      American Tattersall, Vieille Chaussée, *Anvers Berchem.*

      Peeters-Vroom, Chaussée Saint-Bernard 204, *Anvers
           Hoboken.*

      Mulack-Houver, 170-3, rue Looibroeck, *Anvers.*

Le paiement a lieu habituellement et avec les réserves en usage,
en France, dans le commerce des chevaux.

Suisse.

COMMERCE DES CHEVAUX.

Région de Genève. — Il a été importé :

En 1906, 15.332 chevaux, dont 6.354 venant de France ;

En 1907, 14.707   —   6.662   —

En ce qui concerne la France, ils proviennent de la Normandie, du Perche, du Berry, de la Bretagne ; la Nièvre, la Côte-d'Or et les Vosges fournissent les poulains.

Il n'y a que quelques cantons suisses-allemands qui s'approvisionnent en Allemagne, Belgique, Hollande ou Hongrie.

Les achats se font au comptant et sur place ; il est par conséquent inutile de faire des offres aux importateurs qui n'ignorent pas un éleveur français.

Les chevaux du Midi, seuls, n'ont pas de débouché en Suisse parce qu'ils sont trouvés trop légers.

Espagne.

Région de Madrid. — Les chevaux provenant de l'élevage français trouvent un bon débouché à Madrid, spécialement pour les voitures de luxe.

Les chevaux de trait ne sont guère employés en Espagne. — Dans les labours agricoles et les transports, on emploie généralement les attelages de mules, mulets, ânes et attelages de bœufs.

Pour les besoins de l'armée, on achète les chevaux du pays, provenant d'étalons de races anglaises et de juments andalouses. Mais les chevaux destinés à l'artillerie et aux officiers sont achetés en grande partie parmi les chevaux français de races croisées, spécialement de race tarbaise.

Les principales maisons de Madrid qui importent des chevaux de France sont :

Hijos de Labourdette (Puerta Sta Maria de la Cabeza, 29).
Claudio Mompo   (Munoz 3).
Poch Hermanos   (Serrano).

La plus grande maison de l'Espagne s'occupant de l'importation des chevaux est la maison *Mazariego*, de Valladolid. Elle fournit presque tous les chevaux nécessaires aux besoins de l'armée ainsi que la plus grande partie des chevaux de luxe aux particuliers.

Les modes de paiement sont toujours traités pour chaque opération et il n'existe pas d'usages spéciaux pour ce genre d'affaires.

Belgique.

COMMERCE DES CHEVAUX.

Région de Bruxelles, — Les chevaux français qui trouvent un débouché en Belgique sont les percherons, hongres et juments, de 4 à 6 ans, de préférence pommelés.

A Bruxelles les principaux marchands sont :

MM. Brunard, 102, boulevard de Waterloo.

Th. Martraye, 10, rue du Magistrat.

G. Marx, 147, rue Bara.

Mathieu, 23, avenue de Cortenberg.

Lazare Michel, rue de la Limite, 40.

Philippot, 28, rue de l'Abbaye.

Les paiements se font au comptant.

L'entrée est libre en Belgique.

Pour les 8 premiers mois de 1908, voici les chiffres d'importations :

d'Allemagne	1.259
de France	5.357
d'Angleterre	14.759
de Hollande	4.604

Exportations de Belgique vers :

l'Allemagne	12.726
la France	1.100
l'Angleterre	272
les Pays-Bas	938
la Suisse	325

En résumé, la Belgique a importé en 1908, durant les huit premiers mois : 26.515 chevaux, elle en a exporté 17.668.

Elle en consomme donc beaucoup plus qu'elle n'en vend. 1908 n'est pas une année exceptionnelle, car en 1907 elle avait exporté 24.246 chevaux contre une importation de 42.178.

Allemagne.

Les principales races de chevaux les plus recherchées en Wurtemberg sont :

Le cheval de luxe « demi-sang », que le « Wurtembergischer Pferdezuchtverein » subventionné par l'État, élève pour obtenir des timoniers d'artillerie.

Le cheval ordinaire, plus lourd que l'indigène.

Les spécialistes conseillent l'importation d'étalons originaires d'un pays montagneux, secs, durs, résistants, semblables à ceux qui proviennent de la région des Ardennes où de la région liégeoise. Ce cheval peut être attelé à la voiture, aux machines agricoles et faire les plus durs travaux de trait et de labourage. Grâce à sa constitution robuste, il s'acclimate aisément et se reproduit avec facilité. Cette race fait l'objet d'une importation plus active que la précédente.

Les principaux négociants et importateurs des chevaux auxquels des offres directes peuvent être adressées sont :

Gebr. Löbstein, Brückenstrasse, 2, Stuttgart-Cannstatt.

N.-L. Hoflief, Kernerstrasse, 3, Stuttgart.

Ernst Meier, Hegelstrasse, 9, à Stuttgart.

Joseph Rohrbacher, Böblingerstrasse, 14, à Stuttgart.

Les paiements se font de gré à gré.

CHEVAUX

Les chevaux français pourraient se vendre dans la province rhénane et la Westphalie; les chevaux normands se vendraient aussi très avantageusement à Berlin et dans le Hanovre.

On importe beaucoup de chevaux wallons et flamands. Les chevaux de labour viennent en majeure partie du Mecklembourg et du Danemark.

Le paiement se fait généralement au comptant, à la livraison.

Les principales maisons de Berlin que nos éleveurs auraient intérêt à visiter sont :

MM. S. Neuberg, Lehrterstrasse, 12.

     W. Schon, Frankfurter Chaussée, 61 a.

     H. Rehbock, Richardstrasse, 92.

     M. Michaelis, Greifswalderstrasse, 212.

     A. Holländer, Hannoverschestrasse, 30.

     E. Rheinhardt, Unterbaumstrasse, 8.

     O. Stensbeck, Luisenstrasse, 23.

     W. Stofhase, Flemmgstrasse, 10.

On ne peut songer à solliciter par simple correspondance toutes les personnes susceptibles de s'intéresser aux produits de l'élevage français, *une visite sur place s'impose.*

Italie.

COMMERCE DES CHEVAUX.

Rome. — Le commerce des chevaux entre la France et la région de Rome est insignifiant, pour ne pas dire nul. Les débouchés font défaut. Pour en ouvrir de profitables, il faudrait que les éleveurs français eussent, sur la place de Rome, des représentants actifs et sérieux.

Les chevaux de trait et de manège de la taille d'au moins 1 m.60 seraient les plus recherchés. Les éleveurs italiens vendent leurs chevaux, pris au centre de l'élevage, à la Remonte militaire pour les besoins de l'armée et aux particuliers pour les besoins locaux.

Des offres directes pourraient être adressées, en ce qui concerne seulement les chevaux de trait et de manège, à M. Pisani Auguste, 90, Piazza del Biscione, à Rome (propriétaire et éleveur important).

Les paiements s'effectuent, partie au comptant, et l'autre à l'expiration des délais de garantie pour vices rédhibitoires, qui sont de 40 jours.

Allemagne.

Les chevaux français les plus recherchés à Francfort sont les percherons, qui sont généralement employés pour le service des brasseries.

On indique comme principaux marchands de chevaux auxquels des offres directes pourraient être adressées (T. Téléphone).

MM. Adler, M., Zeil, 10, 12, T.

Badmann H., Breitegasse, 2.

Bender et Strauss, Luisenstrasse, 59, T.

Drissler Adolf, Brückenstrasse, 33 (Tél. 2021).

Goldschmidt et Dornberg, Musikansenweg, 78, T.

Hess Sohne, Gebrüder, Frankfurter strasse, 32-34, T.

Ferschbacher N., Obermainanlage, 7.

Isenburger et Cie, Hanauer Landstrasse, 7, T.

Kaufmann et Cie, J., Grosse Seestrasse, 40, T.

Kaufmann M., Freidbergerstrasse, 32.

Léopold, D., Rodelheimerstrasse, 37, T.

Liebmann, L., Neue Zeil, 51.

Liebmann, M., Freidbergerstrasse, 32.

Lowenthal H., Eckenheimer Landstrasse, 77.

— H., — — 99.

Mayer et Kaufmann, Bergerstr., 119 T.

Meyer, S., Beiligkreuzgasse, 29.

Nathan, J., Eschenheimerstr. 18 a.

Neumond, Léopold, Obermainstr, 39, 41, T.

Oberstadt, H., Herbartstr., 21.

Rieger, G., Breitegasse, 4.

Rosenthal, J., Eiserne Hand, 22.

Schott S., Hanauer Landstr., 13.

Schwämmlein, J., Gelbehirschstr., 9. T.

Strauss et Wolf et Gabriel, Grünestrasse, 9. T.

Il y a lieu de tenir compte des droits de douane, qui varient de 112 fr. 50 à 450 fr. par tête, suivant la valeur.

Espagne.

COMMERCE DES CHEVAUX.

Valence. — La région de Valence offre de nombreux et importants débouchés aux chevaux provenant de l'élevage français.

Les bretons et percherons (1 m. 55-1 m. 60) sont très recherchés et employés aux travaux des champs et au charroi. Ils sont importés par des marchands de chevaux, beaucoup d'entre eux français, originaires de l'Auvergne, qui se rendent aux grandes foires de Bretagne (Morlaix, Landerneau, Landivisias) et dans le Poitou (Niort) exclusivement pour les mules. Quelques achats sont également faits dans les Alpes (France ou Piémont).

Le prix moyen varie entre 600 et 1.000 francs.

Quant au cheval de luxe (1 m. 60 minimum, robe alezane, belle bête aux contours réguliers et fine), il est très apprécié et même préféré aux chevaux de race andalouse, d'un prix trop élevé généralement. Bien que ces affaires soient réduites, elles présenteraient cependant quelque intérêt pour le commerce de chevaux français.

On indique comme importateurs de chevaux susceptibles de recevoir des offres :

> Jaime Salvador, Buenavista, 6.
> Corell Montal, San Vicente, 285.
> Vicente Roses, Valencia.
> Pons Hermanos, Grao de Valencia.
> Victorio Lila, Olleria.
> Vicente Lila, Olleria.
> Antonio Pinana, Jativa.
> Rafael Lila, Jumilla.
> Vicente Gil Alaban, Benimaclet.

Ces affaires se traitent au comptant pour les chevaux de luxe et à terme pour les autres. Ces dernières opérations exigent certaines garanties; généralement, l'acheteur fait un premier versement et s'engage à solder ou à payer par acomptes au moment des récoltes.

Italie.

Naples. — Le « cheval français » est à peine connu dans la région de Naples et, par conséquent, on ne saurait indiquer de race préférée.

Parmi les négociants et importateurs auxquels des offres directes pourraient être faites, on indique :

MM. Pasquale Mele, rue Chiatamone, n° 5, à Naples.

Vincenzo Arenella, à Marigliano.

Espagne.

COMMERCE DES CHEVAUX.

Barcelone. — Les chevaux en général rencontrent de bons débouchés en Espagne.

Dans la région de Barcelone, seule, on importe annuellement de 1.100 à 1.200 chevaux de trait, pour brasseurs et meuniers, et ces animaux proviennent à peu près tous du Nord de la France (race percheronne, normande, picarde, etc.).

L'importation est de 16 à 17.000 bêtes (mules comprises, pour toute l'Espagne).

A ces chiffres, il convient d'ajouter 9 à 10.000 chevaux qui entrent par le Portugal. Or, comme ce pays n'est pas un centre d'élevage, il est à présumer que ces chevaux sont de provenance française.

Enfin, il paraîtrait que la région du Midi de la France pourrait trouver à Barcelone un débit facile pour les chevaux dits de tartannes, mais à la condition de se contenter d'un prix raisonnable, tout en étant suffisamment rémunérateur.

Les principaux importateurs de chevaux de Barcelone sont :

MM. Pablo Poch y Hermano, « la Nueva Condal », Provenza 206.

La Catalana (entreprise d'omnibus), Aribau, 232.

Casany Hermanos et C°, Diputacion, 311.

Cipriano Sala, Universidad, 86-90.

Malaga. — Il est difficile de se prononcer dès à présent sur l'importance que pourrait prendre dans la région de Malaga l'importation des chevaux provenant de l'élevage français. Jusqu'à ce jour personne ne s'est en effet livré à ce commerce et les rares chevaux français du pays ont été achetés à Madrid.

Les races françaises susceptibles de convenir dans cette région sont :

Les Anglo-Normands, les Percherons, les Tarbes, les Anglo-Tarbes, les Anglo-Arabes-Tarbes et les Arabes.

Des offres directes pourraient être faites à M. José Alvarez Pérez, vétérinaire à Malaga ; cette personne fait le commerce des chevaux du pays et serait toute disposée à importer des chevaux de provenance française, des races ci-dessus désignées.

Les paiements s'effectuent au comptant.

États-Unis.

COMMERCE DES CHEVAUX.

New-York. — On importe aux États-Unis des percherons, surtout pour la reproduction. Ces animaux arrivent avec leurs livrets et sont admis en franchise, lorsqu'ils sont inscrits sur les registres des sociétés françaises contrôlées par le Gouvernement.

On n'a pu recueillir de données sur les autres qualités de chevaux qui sont vendus aux États-Unis, mais ceux-là, qui ne sont pas destinés à la reproduction, paient $ 30 par tête, s'ils ne valent pas plus de $ 150, et 25 o/o s'ils valent davantage.

Les marchands de chevaux, ci-dessous indiqués, sont susceptibles d'importer des chevaux français :

Fiss-Doerr et Carroll Horse C°, 147 E. 24 th. st. New-York,

Van Tassell et Kearney, 123 E. 24 th. st. New-York.

Le mode de paiement est celui employé pour les autres transactions des États-Unis, c'est-à-dire après vérification de la marchandise.

On indique comme importateurs de chevaux français aux États-Unis :

MM. J. B. Mac Laughlin de Columbus (Ohio),
   William Mac Laugglin de Kansas City (Missouri),
   Thomas Mac Laughlin de Saint-Paul (Minnesota).

M. Clément Miteau, Français originaire des environs de Mortagne, et habitant Keota, État d'Iowa, s'occupe aussi d'importation de chevaux.

A la fin de l'année dernière et au commencement de cette année, le Consulat de France à Chicago a tenté d'organiser une exposition de chevaux français dans cette ville avec le concours des stock yards de Chicago qui mettaient gratuitement un local à la disposition du comité directeur pendant le concours annuel d'animaux de Chicago. Cette administration se chargeait de l'entretien gratuit des chevaux et des hommes, mais ce projet a été classé et l'on n'y a pas donné suite.

La Direction Générale des Haras possède sur les races de chevaux demandées dans la région de Chicago et les prix qu'on les vend un volumineux dossier où tous ces renseignements sont consignés.

Galveston. — De renseignements recueillis auprès des principaux négociants de chevaux établis à Galveston, il résulte que cette région n'offrirait aucun débouché aux chevaux provenant de l'élevage français.

La plupart des chevaux de trait en usage dans ce pays proviendraient de l'intérieur du Texas, où on les élève en assez grand nombre, et les quelques beaux chevaux de voiture qui se trouvent à Galveston proviendraient du Kentucky ou de New-York.

Belgique.

COMMERCE DES CHEVAUX.

Liège. — On peut faire des offres directes à MM. Eugène Hellendal et Henri Bastin, à Liège, qui achètent pour les maisons allemandes.

Les paiements s'opèrent de la manière suivante: le cheval est livré dans une des écuries appartenant à ces marchands; on le visite très soigneusement et si aucun vice ne lui est reconnu, le paiement a lieu immédiatement et sans reçu. Il est d'usage à Liège que le vendeur donne 25 fr. au courtier.

Allemagne.

COMMERCE DES CHEVAUX DE PROVENANCE FRANÇAISE.

Dans la région de Cologne et de Dusseldorf, on recherche principalement comme chevaux de trait les « kaltblütige » (animaux à sang froid), lourds et légers, — les premiers pour les camions pesants, les autres pour les attelages moyens. Les Percherons et les Ardennais seraient, en France, les deux races qui correspondraient le plus à ces deux genres de chevaux. L'État entretient à Wickrath un haras de « kaltblüter » avec 150 à 180 étalons, qui, la plupart, sont achetés directement aux éleveurs dans les prix de 2.500 à 5.000 marks et plus. Cependant, depuis quelques années, il achète lui-même, pour les besoins militaires, des « kaltblüter » lourds dans la province du Rhin, en se servant, comme intermédiaire, du « Syndicat de vente et d'achat de « bétail » (Vieh Ein und Verkaufsgenossenschaft) ayant son siège à Cologne, Eintrachtstrasse, 101, et pour Président, M. Jos. Pauli, Conseiller provincial et grand propriétaire terrein. Il y aurait lieu de lui faire des offres. Quand les approvisionnements ne peuvent se faire entièrement dans la province du Rhin, on les complète en Belgique avec des chevaux dits « brabançons ». L'État paie pour ces chevaux lourds de 1.200 à 1.800 marks. Les intermédiaires marchands les achètent de préférence à l'âge de 4 ans, pour 1.000 à 1.500 marks, selon leurs qualités. La municipalité de Cologne a restreint ses achats en chevaux depuis l'introduction des tramways électriques et la suppression des omnibus. Elle n'achète plus que des chevaux légers, genre ardennais, pour le service de la voirie et celui des sapeurs-pompiers. Encore est-il à prévoir que, là aussi, la traction animale sera supprimée avec le temps, du moins en grande partie. Ces chevaux sont achetés, par la ville et par les commerçants (qui en font usage pour les attelages légers) principalement dans le Luxembourg et payés en moyenne 800 à 900 marks. Il paraît qu'il existe dans le Sud de la France des races pouvant rivaliser avec les Ardennais. Les éleveurs devraient s'assurer s'ils pourraient lutter, en ce qui concerne les prix, contre les races rhénanes, belges et luxembourgeoises. Jusqu'à présent, la France n'a guère fait d'affaires sur la place de Cologne, on pense qu'elle pourrait peut-être tenter d'importer des chevaux du Sud. Les marchands paient de 800 à 3.000 marks et même plus, suivant la race et les qualités. Ils demandent aux acheteurs environ 15 à 20 o/o en plus.

Dans la région d'Aix-la-Chapelle, il n'est vendu, en fait de chevaux français, que des bêtes de luxe (principalement pour la remonte de l'armée) ou des étalons pour l'élevage militaire. Tous ces chevaux, dont l'importation n'est d'ailleurs pas très considérable, proviennent de Normandie.

A Crefeld, il y a un manège très bien organisé, dont les chevaux appartiennent aux grands industriels de la ville. Ce manège achète de bons chevaux un peu partout.

Dans la région d'Elberfeld, la plupart des chevaux importés de l'étranger viennent de Hongrie, où ils sont achetés et payés comptant.

A titre d'indication, l'Allemagne a acheté en Belgique :
pendant les neuf premiers mois de l'année 1906 : 18.000 chx.
pendant les neuf premiers mois de l'année 1908 : 17.000 —
pendant les neuf premiers mois de l'année 1909 : 16.000 —

Il y a donc une diminution des importations qui doit être imputée à la crise économique que traverse le pays.

Importateurs de chevaux.

Cologne..........— MM. Hugo Liffmann, 63, Brüsselerstrasse.
J. und M. Müller, 23, Aachenerstrasse.
A. Polhaus, 45, Venloerstrasse.
Frit. Rensing. 41, Venloerstrasse.
Pet. Heidemann, 26, Wollküche.
Mathieu Frank, 31, Gilbachstrasse.
Jac. Berlin, 55, Fleischmengergasss.
A. Katz, 39, Huhnsgasse
S. Meyer, 24, Zulpicherstrasse.
J. Müller, 94, Brüssleerstrasse.
B, Salm, 88, Weyerstrasse.
M. Sommer, 85, Aachenerstrasse.

Dusseldorf.........— MM. Leo Meyer & Co, 14, Adlerstrasse.
Gebrüder Steid, 18, Neusserstrasse.
Bernh. Waller, 78, Aderstrasse.

Aix-la-Chapelle.. — MM. Jos. Brad, 4, Roermonderstrasse.
Step. Corman, 39, Seilgraben.
Rensing, 41, Wirichbongardstrasse.
Henri Kaufmann, 161, Südstrasse.

Mode de paiement. — Avec les marchands, les affaires se traitent au comptant. Il y a lieu, néanmoins, de faire preuve d'une certaine prudence. La loi accorde un délai de 15 jours après lequel l'achat peut être déclaré nul, pour permettre à l'acheteur de s'assurer que les chevaux sont indemnes de vices ou de maladie. Il faut faire stipuler si l'acheteur prétend faire usage de ce droit.

Pour les affaires traitées avec les particuliers, le paiement se fait par un tiers ou par moitié lors de la livraison ; le solde est versé après le délai de 15 jours prévu par la loi.

Italie.

COMMERCE DES CHEVAUX.

Principales maisons italiennes d'élevage des chevaux.

Fondazione, V. S. Breda, *Ponte di Brenta*.

Fratelli Antoninin, Venise.

Antonini Andrea, Mogliano, Veneto.

Azizuza, Gallare, Massafiscaglia.

Agazzotti Dout, Stefano, Modène.

Bianchi Baron Ferdinand, Mogliano Veneto.

Berti Cav. Carlo, S. Lazzaro di Savona.

Bandiera Saturno, Bologne.

Barnetta Ettore, Legnago.

Bianchi Baron G. B., Senigallia.

Bianchini Giuseppe, Modène.

Barbetta Emy Achille, Mantoue.

Bersani Adolfo, Castel S. Pietro.

Fratelli Bonadimani, Cologna Veneto.

Beretta Cav. Luigi, Via Monforte, 10, Milan.

Bonora Luigi, Bologne.

Bersani Luigi, Argelato.

Bellini Teodosio, Trecenta.

Bonora Cav. Ferdinando, Bologne.

Boriani Enrico, Bologne.

Bevilacqua Rodriquez, Bologne.

Bonfiglioli Cav. Ercole, Bologne.

Bersani Gaetano, S. Giov., Persiceto.

Bassini Prof. Comm. Edoardo, Padoue.

Bitelli, Ivo. S. Agostino (Ferrara).

Ballanti Francesco, Bologne.

Baldisserrotto Enrico, Cologna, Veneto.

Fratelli Centanin, Padoue.

Garretti Ildebranda, Campogalliano.

Fratelli de Stefani, Legnago.

CHARPY. — Le trait léger.   9

Dona Dalle Rote Comte Léon, Cittadella.

Diotallevi March. Fraide, Rimini.

Fanelli Egle, Modène.

Franchetti Barone Luisa, Canedole.

Gaudio Leon Comtesse Fanny, Padoue.

Graselli Nob. Giorgio, Crémone.

Giacomelli Giacomo, Minerve.

Garagnani Francesco, Corticella (Bologne).

Guidi di Bagno March. Leopoldo, S. Antonio Montevano.

Girolomini Alvaro, Jesi.

Lamma Giuseppe, Bologne.

Lodini Cav. Giovanni, S. Giovanni Persiceto.

Loria Annibale, Collechio.

Moreschini Giuseppe, Cesena.

Menarini Alberto, Via Ugo Bassi, 27. Bologna.

Nagliati Dott. Vittorio, Ferrare.

Nannucci Romeo, Via Strozzi, 4, Florence.

Oppi Biagio, Bologne.

Pesenti Cav. Carlo, Alzano Maggiore (Bergame).

Fratelli Piancastelli, Fusignano.

Regazzi Carlo, S. Giovanni Persiceto.

Righetti Ferdinando, Legnago.

Roncalli Comte Dott. Francesco, Bergame.

Turchetti Nob. Renzo, an Matteo delle Chiaviche.

Tomeazzi Guglielmo, Crevaldore.

Triossi Cesare, S. Pietro in Vincoli.

Turchetti Camillo, Mantoue.

Valentini Luigi, Mantoue.

Verdolini Ettore, Legnago.

Zambonello Cav. Eman., S. Giov. Persiceto.

États-Unis.

COMMERCE DES CHEVAUX.

San-Francisco. — Les principaux négociants s'occupant du commerce des chevaux dans la région de San-Francisco, sont :

MM. E. G. Baldwin à *Arcadia*, Los Angeles county (Cal.).

W. O. B. Macdonough à *Ormandale Farm*, San Matteo (Cal.).

Stanford's stock, farm, *Palo Alto*, Santa Clara county (Cal.).

J. B. Haggin Storck farm, *Sacramento* (Cal.).

James Edison Stock farm, *Winnemucca*, Humboldt county (Nevada).

Les statistiques ne mentionnent pas l'importation de chevaux de France ; cette importation autrefois assez active se réduit maintenant à quelques percherons, dont les pieds ne sont pas assez durs pour le sol de Californie. On recherche donc des races plus résistantes.

Les paiements se font après entente avec le vendeur.

CHAPITRE XXII

Expositions et missions.

Tous ces renseignements sont très intéressants, mais ils manquent de précision quelques-uns même d'exactitude.

C'est que les consuls et les attachés commerciaux, malgré toute leur bonne volonté, ne peuvent apprécier la marchandise-cheval s'ils ne connaissent pas très spécialement cet article.

Que le consul de France à Dublin engage les fabricants français à créer des dépôts de chaussures en Irlande, qu'il leur promette la réussite de cette opération, nous devons le croire, car quelles qu'aient été les occupations antérieures de M. Lefeuvre-Méaulle, il peut juger de la vente probable de la chaussure, chaussure de luxe, chaussure de travail.

Mais il serait téméraire de se présenter à Madrid avec un lot de tarbais que l'on espérait vendre à l'artillerie espagnole.

Se renseigner auprès des marchands étrangers qui parcourent la France, étudier le genre de chevaux qu'ils achètent, savoir le pays auquel ils sont destinés serait une méthode plus sûre.

Il serait cependant difficile d'en conclure la facilité des débouchés dans les pays d'importation.

Ce serait en tout cas une méthode lente. Si elle permet de constater les débouchés, elle ne permet pas d'en créer.

Pour créer des débouchés, il faut faire connaître les chevaux français, les montrer, faire valoir leurs qualités.

Et l'on pense de suite aux expositions, soit en France, soit à l'Étranger. « Le concours central des reproducteurs a permis de « mettre en relief les postiers bretons. »

Mais les expositions ne sont pas sans avoir un gros inconvénient. De Curnieu écrivait : « Le véritable cachet de prospérité
« hippique d'une nation est celui-ci :

« 1° Facilité extrême de rencontrer à bon marché un cheval
« ordinaire ; cela prouve que la production est bonne et abon
« dante puisqu'il y a beaucoup d'individus et très peu de mauvais ;

« 2° Excessive cherté des sujets remarquables ; c'est la marque
« d'un public appréciateur de belles choses. »

Or, que voyons-nous dans les expositions ? Seuls les sujets
remarquables, que nous avons tout le loisir d'admirer mais dont
nous pouvons aussi constater l'excessive cherté.

Et ceci aussi bien dans les concours de reproducteurs, étalons
et poulinières, que dans les concours de chevaux de service, concours de la Société hippique française, par exemple.

En province, comme à Paris, on y voit le cheval de luxe ; on
n'y trouve pas le vrai cheval de commerce, le bon cheval à bon
marché, celui que tout le monde recherche et dont l'écoulement
est le plus facile.

Dans les foires il y a trop de déchets, trop de rebuts. Il est souvent difficile d'y examiner les chevaux.

Et puis l'étranger hésite à faire le déplacement, à venir chercher, lui-même, à grands frais et à grand'peine, ce qu'il désire.

Si l'on veut créer des débouchés, il faut aller tenter le client
chez lui, lui présenter ses échantillons, lui faire valoir les qualités
de sa marchandise.

Mais il serait imprudent, sans renseignements préalables, de
partir avec des échantillons aussi encombrants et de transport
aussi coûteux. Il faut faire, à l'avance, une exploration du pays
dans lequel on veut importer ; il faut connaître ses ressources, ses
besoins, ses exigences ; et cette exploration ne peut être faite que
par un homme du métier, un connaisseur qui sache apprécier le
cheval et les chevaux, qui puisse juger de l'espèce qui convient
pour le travail qui est demandé, qui puisse renseigner sur la race
qu'il est avantageux d'importer.

Ceux qui, jusqu'ici, ont été chargés de missions hippiques ont très savamment étudié la production dans les pays qu'ils visitaient ; ils ont écrit des rapports très intéressants sur l'élevage, en Hongrie, en Amérique, mais ces missions ont été purement agricoles ; elles n'ont été aucunement commerciales.

Il faut explorer commercialement non seulement les pays dans lesquels il n'existe aucun élevage mais également ceux dont la production chevaline est considérable. On peut y avoir besoin pour l'industrie et le commerce de beaucoup d'espèces que l'on n'y produit pas.

Il appartient au gouvernement d'organiser ces missions commerciales. Les publications des comptes rendus profiteraient à l'élevage français tout entier.

Lorsqu'on sera fixé sur le cheval utile dans certains pays, sur les débouchés probables de telle espèce, sur les prix possibles de vente, ce sera le moment d'aller présenter les échantillons qui remplissent le mieux les conditions désirées.

Des syndicats, des mutuelles, des coopératives de vente, avec l'aide du gouvernement, pourront seuls se permettre cet envoi d'échantillons.

Il faudra non seulement les montrer, les exposer, il faudra encore faire valoir leurs qualités. Il faudra présenter les chevaux faisant le travail auquel ils sont destinés, montés ou attelés, à la voiture ou à la charrue, démarrant le fort poids, etc. Ces chevaux pourront ensuite être vendus en toute confiance, sans surprises possibles pour l'acheteur qui déliera d'autant mieux les cordons de sa bourse.

M. Victor Deville, dans son *Manuel de géographie commerciale*, donne comme moyens de lutter contre la concurrence étrangère la création de musées d'échantillons et les syndicats d'exportateurs.

« La création des musées d'échantillons à l'étranger détruirait
« certains préjugés à l'égard des produits français. C'est ainsi
« que beaucoup de nos articles ne sont pas demandés par le com-

« merce étranger sur la réputation de cherté excessive qui leur a
« été faite par des intermédiaires intéressés.

« Le meilleur moyen pour nos négociants et industriels expor-
« tateurs de conquérir les marchés étrangers est de se syndiquer
« pour établir dans un ou plusieurs centres une sorte d'entrepôt
« ou de magasin de vente au détail des articles français. Les
« étrangers seraient ainsi à même de pouvoir juger directement
« de nos produits.

« Le syndicat permettrait de diminuer les frais généraux, tou-
« jours considérables quand on agit isolément. »

Il faut par conséquent favoriser la formation des coopératives,
des syndicats de vente aussi utiles pour l'exportation que pour la
vente en France.

Pour compléter l'organisation, lorsque les coopératives auront
fait connaître leurs chevaux là où ils peuvent rendre des services, il leur appartiendra d'avoir dans le pays un représentant
actif et sérieux, intéressé au besoin à la vente, et qui aura pour
mission d'étudier et de créer les débouchés, de renseigner la coopérative, de faire vendre au meilleur compte les chevaux qu'il en
recevra ou bien encore d'adresser à cette coopérative les acheteurs
désireux d'aller chercher eux-mêmes les chevaux dans les pays
de production.

CHAPITRE XXIII
Conclusions.

Faisons le cheval de notre sol.

Rendons à César ce qui est à César.

Sélectionnons ; améliorons par la bonne gymnastique, la bonne nourriture, le bon élevage.

Respectons l'indigénat ; soyons très modérés pour les croisements.

Croisons pour introduire une qualité plutôt que pour donner une conformation.

La conformation sera le corollaire de la qualité.

Le trait léger est le cheval de l'agriculture.

Aucune crise ne peut l'atteindre.

Le postier de sang est le cheval de l'avenir.

C'est le cheval de l'artillerie.

Le cheval d'artillerie semble quelque peu cheval de guerre.

C'est par l'artillerie que se fera la meilleure cavalerie.

La production de l'artilleur mérite tous les encouragements.

Daigne le ministère de la Guerre le reconnaître.

Daigne le ministère de l'Agriculture s'en occuper.

Daigne le ministère du Commerce s'intéresser au commerce des chevaux.

Étudions l'histoire de nos races.

Faisons la science hippique.

The right horse in the right place.

APTE A TOUT, PROPRE A RIEN.

TABLE DES MATIÈRES

Charpy. — Le trait léger.   10

TABLE DES ILLUSTRATIONS

HORS TEXTE

—

Poitiers. — Imprimerie BLAIS et ROY, 7, rue Victor-Hugo.